Grünes Gold

Geschichten eines Marihuanazüchters

GW00503949

Mr. Silver Haze

Grünes Gold - Geschichten eines Marihuanazüchters

Übersetzung: Nadine Müller.

Das niederländische Original „Wiet is verdriet- verhalen van een wietteler"

© Mr. Silver Haze and JZ Media

ISBN 978-90-819730-4-5

Inhaltsverzeichnis

Vorwort

Vorwort

Fünf vor zwei. Die Sekretärin gibt mir durch, dass mein Termin für zwei Uhr da ist. Ich nehme die entsprechende Akte und gehe ins Sprechzimmer.

Vor mir sitzt Herr Silver Haze. Kein Unbekannter für mich. Nach einem kurzen, sachlichen Gespräch über die Rückerstattung strafrechtlich erworbener Vermögenswerte, sagt er auf einmal: „Ich hab' ein Buch geschrieben."

Naja, ich erwarte ja einiges von meinen Klienten, aber ein Buch schreiben? Ich habe viele Klienten und einige können weder lesen noch schreiben, ganz zu schweigen von einem ganzen Buch. Quatschen können sie allerdings alle sehr gut.

„Aha, worüber hast du geschrieben?", frage ich. „Über all das, was ich in der Vergangenheit abgeschleppt habe", lautet die Antwort. Ich werde neugierig. „Meinst du über Freud und Leid der Liebe oder über deine geglückten und missglückten (tja, als Anwalt kennt man seine Klienten meistens aufgrund der letzteren) Hanfplantagen?" „Marihuana", antwortet er. „Willst du das jetzt machen?" Als Anwalt denkt man sofort an strafrechtliche Konsequenzen, so und so viel Jahre Gefängnis, Rückerstattung strafrechtlich erworbener Vermögenswerte und so weiter. „Darüber wurde noch nie geschrieben und ich denke, dass es den Leuten gefallen würde", antwortet Silver Haze.

Nun ist es so, dass im Süden der Niederlande ganze Volksstämme von Hanf leben und dass viele Unternehmen pleitegehen würden, wenn es keine illegalen Hanfplantagen mehr geben würde. Leider gibt es auch Tote (und das ziemlich oft). Es geht dabei oft um gehörige Investitionen, und einem enormen Druck, nach dem letztlich eingeheimst werden kann. Viele Dinge spielen sich beim Handel von Hanf ab und ein ganzer Haufen Menschen hängen direkt (Pflücker, Gärtner u.v.m.) oder indirekt (Polizei, Anwaltschaft, etc.) mit drin.

„Ich fände es schön, wenn Sie es lesen würden. Vielleicht könnten Sie auch ein kleines Stück schreiben? Ein Vorwort vielleicht?"

Darüber musste ich nicht lange nachdenken. Wenn es nichts taugt, sage ich einfach Nein.

Die erste Fassung wurde mir gemailt. Ein wenig Zeit einplanen, um es auszudrucken und zu lesen, habe ich mir noch gedacht. Das war überhaupt kein Problem. Einmal angefangen habe ich es in einem Rutsch durchgelesen. Die Geschichten von Silver Haze sind realistisch, lustig und einfach zu lesen. Jeder, der je etwas mit Hanf zu tun hatte, wird sich darin selbst wiedererkennen.

1 Neue Ware

Montagmorgen. Ein Montag wie jeder andere, also Stau angesagt. Wie immer drehe ich mit meinem Kühlwagen voll mit Fleisch, meine tägliche Runde durch die Niederlande um chinesische Restaurants zu beliefern. Montag ist immer eine Katastrophe, nicht nur auf den Autobahnen, sondern auch in der Stadt. Nach einigem Hin und Her komme ich endlich bei meinem ersten Kunden an. Pünktlich, so wie immer. Ein Mann, ein Wort-so bin ich. Aber zu meiner Überraschung stehe ich vor einer verschlossenen Tür. Der Chinese ist nicht da, das Restaurant ist zu und es sieht ziemlich dunkel aus da drin. Das stinkt mir jetzt gewaltig hier, immerhin habe ich heute noch mehr zu tun und ich wäre gerne überall pünktlich. Ich bin nicht umsonst selbstständig und fahre durch die Gegend und wenn gearbeitet wird, sollte man davon ausgehen, dass man auch etwas verdient. Wenn dich dann sofort dein erster Kunde sitzen lässt, bist du ganz schön irritiert. Ich probiere die Zeit sinnvoll zu nutzen und gehe noch eben frühstücken.

Ich schlendere durch die Straßen und als ich an einem Geschäft vorbei laufe, scheint mir das Licht einer grellen Schaufensterlampe direkt in mein Gesicht. Die Lampe ist so grell, dass es eine Maglite hätte sein können, mit der einem die Bullen bei einer Alkoholkontrolle mitten ins Gesicht leuchten. Ich schaue rein und frage mich, was das wohl für ein Geschäft sein könnte. Auf jeden Fall keine Bäckerei oder so. Wenn ich irgendwo etwas sehe und es nicht kenne, will ich grundsätzlich mehr darüber wissen, also geh ich einfach mal rein. Auf dem Schild draußen steht zwar das Wort „Growshop", aber davon habe ich noch nie gehört. Gerade drinnen kommt mir sofort ein Kerl entgegen. Ein kräftiger Kerl mit kahlem Kopf, einigen Tätowierungen und Oberarmen so groß wie meine Oberschenkel. Er fragt: „Kann ich dir irgendwie helfen?" Trotz seines robusten Äußerlichen strahlt er Freundlichkeit aus. „Nein", sage ich, „ich schau mich nur mal um. Ich muss zu dem Chinesen ein Stückchen weiter, aber der ist noch nicht da. Also

dachte ich, ich guck mal, was es hier gibt, weil mir deine Lampe im Schaufenster so grell in die Fresse schien."
Der Mann lacht und erzählt leidenschaftlich, welche Ware er hier verkauft. Ich höre aufmerksam zu. Während er erzählt, nimmt sein Enthusiasmus immer mehr zu. Währenddessen dreht er einen großen Joint und er dampft genauso stark wie ein alter Lanz Bulldog Traktor, so ein Teil, das man noch mit einer Lunte anzünden musste. Der Qualm lässt das Licht der Lampe verblassen. Mit jeder Minute wird er fröhlicher. Er bietet mir eine Tasse Kaffee an und sagt: „Ein Joint am Morgen vertreibt Kummer und Sorgen." Ich mache gute Miene zu bösem Spiel. Der Chinese hat immer noch geschlossen und der schwafelt von einem Tag ohne Sorgen.

Das ist für mich eine Utopie. Lachen und schön relaxed den Tag beginnen, anstatt jeden Tag Gas zu geben, von sechs Uhr morgens bis elf Uhr abends, sieben Tage die Woche. Wenn ich dann wenigstens so gut bezahlt werden würde, dass meine Sorgen weniger würden, wäre das kein Problem, aber im Moment heißt es hart ranklotzen für ein paar Scheinchen.

Der Mann fährt mit seinem Verkaufsgespräch fort. Der Mann erklärt mir ausführlich, wie man Hanf (Marihuana, Gras) anbauen muss. Was man dafür so alles braucht, was alles ungefähr kostet und natürlich das Beste daran, wie viel man damit verdienen kann! Ich kann es kaum glauben.

Wenn der Kerl recht hat, kann mir der Chinese mal den Buckel runterrutschen, denke ich und dann werde ich mal ernsthaft darüber nachdenken, ob ich nicht aus dem Fleischhandel aussteige. Ich nehme einen Stapel Prospekte mit und gehe nach draußen, da ich inzwischen das Gefühl habe betrunken zu werden. Die Luft ist so mit Weed vollgedampft, dass mein leerer Magen ohne Frühstück ganz schön zu rumoren beginnt, aber das macht mich fröhlich. Der Mann hat mir das Blaue vom Himmel versprochen, und wenn nur einen Funken der Wahrheit entspricht, könnte ich meine finanziellen Probleme lösen. Denn zu wenig Kohle hatte ich auf jeden Fall! Und das Beste an allem ist, wenn ich dem Typ Glauben schenken kann, ist nichts daran illegal. Denn man darf die ganzen Sachen ja kaufen. Züchten und Anbauen, das ist wieder eine andere Sache.

Seit meinem fünfzehnten Lebensjahr hab ich schon mit fast allem gehandelt: Kleidung, Autos, sogar mit Häusern. Aber von diesem Geschäft, habe ich noch nie gehört, und das, obwohl ich einige

Leute aus verschiedenen Gegenden kenne, sowohl die weniger netten Jungs als auch diejenigen, die total in Ordnung sind.

Während ich zu meinem chinesischen Kunden zurücklaufe, sehe ich ihn schon draußen stehen. Er ist nicht gerade glücklich aus: "Ich warte hier schon seit einer Stunde auf dich." Mit einer abwinkenden Gebärde dreht er mir seinen Rücken zu. Er flucht irgendetwas auf Chinesisch und geht zum Kofferraum des Wagens. „Ich habe hier eine Stunde auf dich gewartet und du warst nicht hier, mein chinesischer Freund", keife ich zurück. Ich öffne die Klappe und wir laden gemeinsam seine Bestellung aus. Sobald der Chinese seine Ware sieht und ich noch ein extra Geschenk draufgelegt habe, lächelt er wieder. Chinesische Restaurants betrachten es als üblich, dass man bei jeder Bestellung ein kleines Geschenk vom Metzger bekommt. So funktioniert das nun Mal bei den Chinesen. Ich gebe ihm ein extra Stück Speck und mein chinesischer Freund ist wieder zufrieden. Er bezahlt mich, ich steige ins Auto und fahre zum nächsten Kunden.

Obwohl ich schon lange nicht mehr im Zeitplan bin, bin ich sehr entspannt. Die Geschichte von dem Mann aus dem Growshop lässt mich nicht mehr los. Hanf anbauen, spukt es mir durch den Kopf. Das ist es!

Dass ich beim nächsten Kunden zu spät bin, stört mich nicht mehr. Ich mache das Radio im Auto noch lauter und fühle mich blendend. So könnte ich innerhalb einiger Jahre viel Geld scheffeln. Ich träume davon, dass ich es auch so gut haben werde, wie der nächste Kunde zu dem ich unterwegs bin.

Mein nächster Kunde ist ein super Kerl, ein großer Mann, wörtlich und bildlich ein Schwergewicht, sicher hundertzwanzig Kilo. Er hat mehr Kohle, als ich je zu Gesicht bekommen würde. „Der Kahle", nenne ich ihn. Er sieht mich schon von Weitem, grüßt mich herzlich und sagt: „Du bist ziemlich spät dran, Mann!" Und lädt mich sofort zum Kaffee trinken ein.

Er besitzt ein Betriebsgelände von 20 000 m², wo viele verschiedene Gebäude aneinandergereiht sind. Mit dem Kaffee in der Hand laufen wir über das Gelände. Mein Blick fällt sofort auf ein etwas älteres Gebäude, das ein wenig abseits der anderen Hallen steht. Denn ein geeignetes Haus (eine

„Lokalität") zu finden, ist laut dem Kerl aus dem Growshop das größte Problem. Wir quatschen ein wenig über die Geschäfte. Ich gehe in Richtung des alten, frei stehenden Gebäudes und frage: „Was ist das für eine Halle? Ist das auch deine?" Bestätigend antwortet er: „Das steht leer, wir haben es früher für die Verpackungsmaterialien genutzt, aber es ist gerade mal 40 Quadratmeter groß, damit kann man nicht viel anfangen." Ich denke an die Storys des Verkäufers im Growshop und in Gedanken sehe ich das kleine Haus schon voller Marihuana. „Gibt es da drin noch Strom? Und wenn ja, Normalen oder Starkstrom?", frage ich ihn. „Ja alles, es steht einfach nur leer und ich nutze es nicht." Wir laufen zu dem Gebäude. „Darf ich eben reinschauen?", frage ich unschuldig. Er nickt. Wir gehen hinein und ich schaue mich gut um. Es gibt wenige Fenster und ich sehe einen großen Zählerkasten sowie ein dickes Stromkabel, das durch das Haus verläuft. Und genau das ist es, was laut dem Mann aus dem Growshop absolut notwendig ist für den Marihuanaanbau: viel Strom, sehr viel Strom. Wir gehen weiter und ich sage nichts, wir trinken noch eine Tasse Kaffee und dann gehe ich wieder.

An diesem Tag komme ich spät nach Hause, bin total müde, aber ich lese trotzdem noch in den Prospekten und Büchern, die mir der Mann aus dem Growshop mitgegeben hat. Ich lese alles noch am selben Abend und falle danach sofort in mein Bett. Immerhin muss ich morgen wieder früh raus und um fünf klingelt der Wecker, da um sechs Uhr der Wagen wieder rollen muss.

Als ich aufwache, ist das Erste, woran ich denke, so ein Marihuana Verschlag. Darüber werde ich heute erst nochmal gut nachdenken. Ich zermartere mir das Hirn, wie ich die Kohle zusammenkratzen soll, denn laut der Broschüren muss ich erst mal 25 000 Gulden investieren, bevor ich anfangen kann.

25 000 Gulden für den ganzen Kram, wie Lampen, Pflanzen, Holz, Kabel, Ketten und alles, was man so braucht. Aber dann ist man noch nicht fertig. Man braucht geeignete Räumlichkeiten. So ein Gebäude zu besitzen und die Sachen zum Anbau von Gras, sind noch nicht strafbar. Das tatsächliche Züchten ist eine andere Geschichte.

Wo finde ich mal eben so eine Räumlichkeit und woher hole ich 25 000 Gulden her? Der Mann aus dem Growshop hat auch noch gesagt, dass man sich um einen „Strohmann" kümmern sollte. Ein Strohmann ist jemand, der für viel Geld alles auf seinen Namen schreiben lässt, sodass man selbst nur mit einem Misserfolg davon kommt und natürlich seine Investitionen verliert, falls man geschnappt wird. Das Risiko ist nicht zu unterschätzen. Und vor allem wenn man nicht mal so eben 25 000 Gulden aus dem Hut zaubern kann.

Während ich am nächsten Tag so wie immer meine Runde drehe, habe ich unterwegs viel Zeit, um nachzudenken. Vor allem, wenn du jeden Tag im Stau stehst. Meine Geschäfte laufen relativ gut, abgesehen von dem Gejammer meiner Kunden, die nie pünktlich bezahlen. Als Selbstständiger muss ich regelmäßig hinter meinem Geld her sein, das ist anstrengend. Für meine Kunden bin ich eine Art Bank. Ich muss alles erst vorfinanzieren und dann muss ich oft viel zu lange auf mein Geld warten. Ich behalte letztlich einen bescheidenen Gewinn.

Eigentlich läuft alles wie geschmiert, bis einer meiner großen Kunden pleitegeht und mich mit runter zieht. Er schuldet mir noch 200 000 Gulden. Als ich das mitkriege, brennen bei mir die Sicherungen durch. Jahrelang habe ich geschuftet und mich kaputt gearbeitet. Jeden Morgen um fünf Uhr aus dem Bett und was habe ich erreicht? Nichts! Der Verwalter beschließt, dass erst das Finanzamt und die Berufsgenossenschaft das Geld aus der Insolvenz bekommen und erst danach die anderen Gläubiger. Aber für die ist dann nichts mehr übrig! Ich wurde abgezockt, verarscht und habe dann einfach so, 200 000 verloren!

Wie ein Verrückter bin ich zu meinem Kunden gefahren, und habe ihn einmal quer durch den Raum geprügelt. Und das Schlimme ist, dass dieser Mann nach drei Jahren einfach wieder von vorne anfangen kann, und ich, der Depp? Ich kann auf mein Geld pfeifen.

Meine Wut und Frustration sind verflogen, als ich einen Anruf von meinem großen Freund bekomme, der Kahle. Ich liefere ihm Fleisch und ich kaufe von ihm wiederum fertiges Kebab-Fleisch. Er ist sowohl mein Kunde als auch Lieferant. Ich habe einen netten Kredit bei ihm. Er weiß, dass ich Kunden habe, die schwierig sind, was die Bezahlung angeht, aber er weiß auch, dass er immer sein Geld von mir bekommt. Wie auch immer. Er ist über die Insolvenz meines Kunden informiert. Ich habe ihm erzählt, dass ich da mit 200 000 drin hänge, wenn ich wirklich nichts bekomme. Auch für ihn sind 200000 viel Geld. Zu meiner Überraschung, fordert mich sein Buchhalter auf mal eben innerhalb von sechs Wochen meinen Kredit abzubezahlen. Er hat nämlich Angst, dass ich ihn nun auch nicht mehr bezahlen kann. Und man weiß, wie Buchhalter sind, erst die Kohle dann der Rest. In so einem Moment wird einem der Boden unter den Füßen weggezogen und man steht als armer Schlucker im Regen. Was denken die denn? Als ob ich mal eben eine Schublade öffnen könnte und sage: „Hier ist das Geld."

Wie geht's jetzt weiter? Das Gespräch mit dem Buchhalter über eine mögliche Bezahlungsregelung läuft auf nichts hinaus und am Ende des Gesprächs kommt der Kahle selbst herein. Er schickt den Buchhalter raus, setzt sich entspannt hin, nimmt sich eine Tasse Kaffee und die angespannte Atmosphäre wird sofort lockerer. Der Kahle bleibt ruhig und sagt: „Es wird alles gut, Mann, du bist ein Mann, der zu seinem Wort steht. Also mach dir keinen Stress mein Freund." Er nannte mich immer Freund. Denn Freunde hast du schnell, wenn du zu deinem Wort stehst, und immer pünktlich bezahlst.

Ich schaue ihn an und sage: „Ich denke, dass ich eine Lösung gefunden habe, um ein wenig schneller an Geld zu kommen." Er setzt sich aufrecht auf seinen Stuhl und fragt: „Erzähl… wie?" Das Gebäude bei ihm auf dem Grundstück ist mir durch den Kopf geschossen. Ich schalte schnell meinen Kopf ein und frage ihn: „Kann ich das leer stehende Gebäude hier hinten von dir mieten?"

Er sieht mich an und fragt: „Was willst du denn damit? Ich kriege noch einen Haufen Geld von dir und jetzt fragst du mich, ob du das Haus mieten kannst?" Er steht auf, steckt sich eine Zigarette an und schaut mich voller Unverständnis an.

„Tomaten züchten", sage ich, „meine Frau ist verrückt nach Tomaten und ich nach Blumenkohl!" Wir brechen beide in Lachen aus und ich erzähle ihm was ich alles im Growshop erfahren habe, über die Broschüren und meine Pläne.

„Also", sagt der Kahle, „du denkst, dass du auf den paar Quadratmetern, in dem alten Verschlag, innerhalb so wenig Zeit, so viel Geld zu machen kannst, dass ich mein Geld von dir schnell wieder zurück bekomme?" „Ja", sage ich voller Überzeugung. „Und den Kram dort hin zu pflanzen ist auch noch legal. Wir dürfen die Tomaten nur nicht pflücken und mit dem Kebab verarbeiten." Vor lauter Enthusiasmus schlägt er sich auf seine Arschbacke und danach auf meine Schulter und sagt: „Lass uns eben zu dem Häuschen gehen und nachschauen, denn vielleicht sind es sogar sechzig Quadratmeter anstatt vierzig." Es blitzen jetzt Dollarzeichen in seinen Augen auf.

„Warte eben, Kumpel", sage ich ihm, „Wenn es sechzig Quadratmeter sein sollten, behalte ich die zwanzig Quadratmeter für mich selbst." Zusammen gehen wir zu dem Häuschen. Auf dem Weg dorthin fragt der Kahle schon: „Aber wie machen wir das mit der Miete. Können wir das auch ohne Rechnung machen? Dann schrecken wir den Buchhalter nicht auf, denn was er nicht weiß, macht ihn nicht heiß."

Bevor wir da sind, ist das mit der Miete schon geregelt, inklusive Strom und Wasser. Der Kahle beginnt zu lachen und sagt: „Okay, kümmer dich drum, zahl mir eine gute Miete und dann kannst du deine Schulden so bei mir zurückzahlen."

Das ist für mich das Signal um Gas zu geben. Ich bin zu meinem Freund Franz gegangen und habe ihn in meine Pläne eingeweiht. Franz ist handwerklich begabt, ich nicht. Ich kann noch nicht mal einen Nagel in die Wand hauen.

Ich habe von überall her Geld geholt, um die Sachen anschaffen zu können und mit Franz das Häuschen fertiggemacht für die erste Zucht. Nach drei Wochen harter Arbeit habe ich einen Marihuana Verschlag und ich bin stolz wie Oskar. Ich habe wieder eine Zukunftsperspektive und sehe einen Weg die Schulden wieder los zu werden.

Alles läuft perfekt, der Strom, die Zu- und Abfuhr frischer Luft. Alles läuft so perfekt, dass ich fast Mitglied im Garten- und Landschaftsbau Verband werden könnte.

Zurück im Growshop erzähle ich dem Verkäufer, dass wir startklar sind. Die gesamte Ware ist getestet und mehr als fertig. „Dann müssen jetzt die Stecklinge gesetzt werden", sagt er.

Mit achthundert Marihuana- Stecklingen in meinem Fleischwagen fahre ich zu dem Häuschen und das Setzen der Stecklinge kann beginnen.

Im Rechnen bin ich immer gut gewesen. Vor allem Kopfrechnen, dafür brauche ich kein Papier. Und ein paar schnelle Berechnungen zeigen mir, dass ich in einigen Wochen ungefähr fünfundsechzigtausend Gulden in Bar haben werde. Yes! Meine Augen werden noch größer, als die des Kahlen letzte Woche. Dann kann ich ihn in einem Rutsch ausbezahlen und fertig! Und gelöst sind die Probleme.

Ich halte mich an den Plan und an das, was im Buch steht. Es sieht prächtig aus! Es ist eine große grüne Masse. Daher auch der Name: das Grüne Gold. Dass Grün so schön sein kann. Man könnte beinahe Mitglied der Grünen werden. Für mich ist es noch schöner als Gold!

Nach zehn Wochen ist es so weit. Es ist meine erste Zucht und ich habe noch null Komma null Erfahrung und das macht mich ab und zu ziemlich nervös. Regelmäßig gehe ich zu dem Verschlag, um zu schauen ob auch alles läuft. Das ganze Zelt ist computergesteuert und eigentlich muss ich nicht dort hin. Aber die Pflanzen wachsen zu sehen und dadurch auch mein Portemonnaie verschafft mir so einen Kick, dass ich es nicht lassen kann ab und zu vorbei zu fahren. Und mit meinem Fleischwagen fällt das nicht auf, weil ich sowieso jedes Mal hinfahre.

Züchten macht der Computer und es ist Zeit zu ernten. Aber wie macht man das? Ich bekomme es mit der Angst zu tun und rufe im Growshop an. Ich frage: „Was jetzt? Die Ware ist fast fertig." Der Mann sagt: „Du musst dich um Pflücker kümmern, wir nennen sie Knipser." Er ist schon wieder ziemlich stoned, aber noch nicht stoned genug. Er kann mir noch erklären, wie man die Pflanzen zuschneiden muss, was ich mit den Wipfeln machen muss und wie ich das Gras trocknen und verpacken muss. Außerdem bekomme ich extra Tipps, so wie für eine gute Absaugung zu sorgen.

Endlich ist es so weit. Ich habe ein paar Bekannte dazu geholt und erkläre ihnen, wie sie alles zuschneiden müssen. Montagmorgen will ich die Pflanzen abmachen und den Rest mache ich dann alleine. Ich stehe um fünf Uhr auf, so wie immer, dann fällt es nicht auf. Ich lasse jemand Anderen in einem geliehenen Kühlwagen meine Fleischrunde drehen.

Der Stress lässt meinen Kopf zerspringen und ich rede mir selbst ins Gewissen. Ich tue niemandem weh, bestehle niemanden und arbeite auch noch hart dafür, also… What the fuck? Nichts oder?

Eifrig und voll Adrenalin hole ich die achthundert Pflanzen aus den Töpfen und lade sie in meinen Bus und fahre zu dem Ort, an dem wir die Pflanzen zuschneiden. Das machen wir unter einer anderen Adresse, denn so viele Menschen an einem Ort könnten seltsame Fragen aufkommen lassen. Meinen Bus kennen die Leute, deswegen wird niemand hellhörig.

Franz, den ich ins Vertrauen gezogen habe, und der mit mir den ganzen Kram angelegt hat, hat mit mir ein paar Knipser geregelt und damit sie den Mund halten, wird viel mehr bezahlt als der übliche mickrige Lohn. Es hat mich mehr als eine Stunde gekostet, um allein die achthundert Pflanzen abzuschneiden und noch eine ganze Stunde, um sie alle in Kartons zu verpacken und in den Bus zu laden. Nach dieser Nerven aufreibenden Arbeit kann ich endlich losfahren.

Ich will jetzt alles richtig machen. Einfach nur fahren, nicht zu schnell, nicht zu langsam. Ich schnalle mich an, Zulassung und Führerschein habe ich auch dabei, alles schön griffbereit in einer Mappe, für den Fall, dass ich angehalten werde. Alles läuft einwandfrei. Ich bin jetzt schon eine Stunde unterwegs. Viel länger als sonst. Als ich ankomme, ist mein ganzer Körper vollgepumpt mit Adrenalin. Der oberste Stock eines Mehrfamilienhauses. Das hab ich doch super geregelt? Mit einigen Knipsern bringen wir alle Kartons nach oben und das Zuschneiden kann beginnen. Es ist wirklich viel Arbeit, aber wir haben auch wahnsinnig viel Spaß.

Nach vier bis fünf Stunden schneiden ist jeder euphorisch. Der Eine wird berauscht, der Andere wird geil und einem Einzigen wird schlecht. Nach fünf Stunden schneiden, wie die Blöden haben wir erst zweihundertfünfzig Pflanzen zugeschnitten, also bleiben noch fünfhundertfünfzig. Das machen wir jetzt anders, denke ich, denn die Wipfel müssen auch noch direkt zum Trockenlager, und das am selben Tag. Also telefoniere ich ein wenig herum und habe ein wenig später, noch sieben weitere Helfer. So sind wir dann zwölf bis dreizehn Leute und schneiden alle achthundert Pflanzen nacheinander zu.

Als alle Marihuana Wipfel in Müllsäcke gepackt sind, kann der Transport zum Trockenlager beginnen. In diesem Moment kommen der Stress und das Adrenalin wieder hoch, du wirst bestimmt angehalten von irgendwelchen Freunden oder von den Bullen, den ganzen Bus voller Müllsäcke mit Marihuana Wipfeln. Jetzt passiert es wirklich, der erste Verkauf von Marihuana (Hanf) in meinem Leben, aber sicher nicht der letzte. Aber wie stellt man das an? Fleisch verkaufen ist kein Ding, aber Gras? Ich rufe den Growshop Besitzer an und erzähle ihm: „Der Job ist erledigt." Und dann frage ich: „Gibt es vielleicht einen Gemüsebauer in deiner Gegend, der Fleischtomaten aus eigenem Anbau kaufen möchte?"

Der Mann kennt jemanden. Ich fahre daraufhin zum Growshop und er ruft einen Bekannten an und fragt, ob er eben vorbeikommen möchte. Der Growshop Besitzer ist der Mann mit den Lampen, aber er selbst handelt nicht. Mir fällt auf, dass er verschiedene Handys hat und jedes Mal ein anderes benutzt, wenn er jemanden anrufen möchte. Nach dem Gespräch mit dem Bekannten kommt nach ungefähr einer Stunde ein gepflegter Mann herein. Der Verkäufer im Growshop gibt ihm die Hand und bietet ihm eine Tasse Kaffee an. Der gepflegte Herr beobachtet mich, schaut etwas argwöhnisch, bleibt aber freundlich.

„Was hast du?", fragt er mich.

„Siebzehn Kilo, rein am Haken", antworte ich.

„Jaaa, er ist in der Fleischbranche tätig, da sprechen sie immer von rein am Haken, daher…!", sagt der Growshop Besitzer zur Verdeutlichung. Der gepflegte Herr lacht sehr zurückhaltend und sagt: „68 Scheine, haben wir dann einen Deal?"

Ich schaue ihn an und höre, dass es noch mehr ist, als ich erwartet hatte. Ich sage: „Deal, aber sofort bezahlen." Der Mann läuft zu seinem Auto und holt eine Kühltasche von Aldi raus, voll mit Geld, alles 10, 25, 50 und 100 Gulden Scheine. Innerhalb von 10 Minuten ist der Deal gemacht und ich gehe mit achtundsechzigtausendneunhundert Gulden aus dem Laden! Es ist ein wenig mehr gewesen, als siebzehn Kilo, deshalb bekomme ich neunhundert Gulden oben drauf. Die Preise sind diese Woche wieder ein bisschen gestiegen, hat der gepflegte Herr erklärt. Also für mich ist das mehr, als grandios! Ich komme mir vor, wie in einem Märchen. So tief in der Scheiße, einen Haufen Schulden und jetzt ist es auf einmal anderer Shit, der mich aus Scheiße zieht. Wenn ich das Kunststück noch mal hinkriege, bin ich nicht nur die Schulden los, sondern ich kann auch wieder meine Rechnungen bezahlen und ich habe noch ein wenig Geld übrig, um meiner Frau auch einmal einen Strauß Blumen zu schenken.

Ich beschließe nochmals achthundert Pflanzen zu kaufen und das Zelt wieder vollzustopfen. Es war so einfach und alles lief, wie am Schnürchen. Der Kahle war auch froh darüber, dass er seinen Teil des Geldes bekam. So hat er das bekommen, was ich ihm noch schuldete. Er sagte: „Ich wusste es! Ich wusste, dass ich mein Geld von dir zurückbekomme würde. Also wenn ich dir helfen kann, lass es mich wissen."

Keine vier Wochen später bekomme ich einen Anruf mit der Nachricht, dass in meinem Häuschen eingebrochen wurde. Wie ein Verrückter fahre ich dort hin, bis mich ein verfluchter Stau zum Stillstand zwingt. Stau und Stress: ein tödlicher Cocktail. Es scheint Stunden zu dauern, bis ich endlich angekommen bin. Ich sehe schon von Weitem, dass die Türe offen steht. Ich sehe sofort viel Licht nach draußen scheinen und es schießt mich durch den Kopf, dass die Lampen auf jeden Fall noch da sind. Drinnen bemerke ich, dass nichts zerstört ist, nur die Pflanzen wurden gestohlen. Achthundert Stück … futsch. Die neuen Hanfpflanzen waren gerade mal vier Wochen alt und hatten außerhalb des Ankaufs keinen Straßenverkaufswert. Diese Diebe hatten also keine Ahnung, zumindest weniger als ich. Jetzt, da der Ort bekannt ist, wird es Zeit die Koffer zu packen. Denn wenn man die Ware wieder in dem gleichen Haus anpflanzt, läuft man Gefahr, dass die Pflanzen es keine vier Wochen überstehen und ohne mein Wissen auf einmal verschwunden sind.

Aber wie findet man so schnell andere Räumlichkeiten? Ich rufe Franz an. Er macht ein neues Schloss rein, macht die Strahler und alles andere aus und wir fahren gemeinsam vom Grundstück. Ich könnte kotzen. Meine Einkommensquelle ist versiegt und wieder ganz in den Fleischhandel zurück, ist keine Option mehr. Ich arbeite auch nur noch Halbzeit, arbeite meine letzten Kunden ab und der Kahle regelt den anderen Vertrieb. Ich habe mich für das Hanf entschieden, aber im Moment weiß ich nicht, was ich machen soll. Mit dem Geld aus der ersten Ernte habe ich einen Teil der Schulden abbezahlt und neue Pflanzen gekauft. Zwischendurch muss ich natürlich auch noch von irgendetwas leben. Meine Frau braucht nicht viel. Solange genug Geld vorhanden ist, um Einkaufen gehen zu können und um andere notwendige Dinge zu besorgen.

2 Bauer Franske

Zufällig begegne ich einem alten Freund, Peter. Und wenn man alte Freunde trifft, ist es immer so, dass man über die Dinge spricht, die man so durchmacht. Ich erzähle ihm, was ich erzählen möchte, aber ich schweige wie ein Grab über meine Hanf Geschichten. Aber schnell kommt er auf einen schönen Standort zu sprechen, der geeignet wäre für meine kleine Hanfplantage. Häh? Steht es manchmal auf meiner Stirn geschrieben, dass ich eine Baracke voller Gras hatte? Er erzählt sehr unvoreingenommen, dass es bei einem Bauer liegt und dass es ihn nicht interessiert, was darin vonstattengeht, solange die Miete immer brav pünktlich bezahlt wird. „Hast du nicht zufällig Interesse daran?" „Okay, ich komme eben mit, um es mir anzuschauen", sage ich Peter. Aus seiner Erzählung schließe ich auch, dass er es finanziell alleine nicht stemmen kann und somit einen Partner sucht.

An einem Montagmorgen gehen wir zusammen zu dem Bauern, um mit ihm zu sprechen und um den Standort zu besichtigen. Gegen sieben Uhr sind wir auf dem Bauernhof. Ein Mann, der sehr freundlich wirkt, kommt uns entgegen. Er stellt sich höflich vor und geht vor uns in Richtung des „Verschlags". Es scheinen zwei Schuppen zu sein, verbunden durch eine Garagentür. So eine Tür, die beim Öffnen und Schließen so toll quietscht und mit so einem günstigen Schloss, das manchmal nicht aufzukriegen ist. Der Bauer öffnet die Garagentür, tatsächlich mit dem bekannten Quietschen, und ein ganzer Haufen Müll kommt zum Vorschein. Dass er sich traut dafür noch Miete zu verlangen, denke ich. Der Bauer stotterte enorm. Er fragt uns: „Wa… was wwollt ihr fff… für die… diese Gagagaga… die… dieses Ding bebe…bezahlen?" Er sagt außerdem, dass es ihm egal sei, was wir darin treiben, solange er damit „k…k…keinen Stress" bekommt. Ich denke: Okay, wenn es ihm nichts ausmacht, dann müssen wir ihm auch nicht erzählen, was wir vorhaben. Wir kümmern uns einfach um einen guten Mietvertrag, wir bezahlen brav pünktlich und dann Gas geben! Ich sage zu dem Bauern:

„Wenn du eine Viertelstunde Zeit für mich hast, dann kann ich fünf Minuten mit dir qu…qu…quatschen?" Der Bauer versteht den Scherz und sagt: „So…so…so…solange du be…be… bezahlst."

Inzwischen habe ich das mal eben überschlagen und komme zu dem Schluss, dass dort mühelos tausend Pflanzen rein passen. Mit sechzig Strahlern á vierhundert Watt kommen wir relativ gut aus und die habe ich noch aus meinem vorherigen Häuschen, in das eingebrochen wurde.

Wir gehen mit dem stotternden Bauern ins Haus und einmal am Küchentisch sagt der Bauer: „F…F…Fünf…ze…zehnhundert Gu…Gulden, jeden Monat, d…d…dann bi…bist du ein Sch… Sch…Schnäppchen…jä…jäger." Währenddessen verzieht er keine Miene, abgesehen von seinem Unterkiefer, um die fünfzehnhundert Gulden aus seinem Mund zu pressen. Der Bauer schaut mich voller Erwartung an, ob ich auf sein Angebot eingehe.

Ich trommel mit meinen Fingern ein wenig auf dem Küchentisch, stecke mir eine Zigarette an und sage: „Das alte Ding ist noch nicht mal hundert Gulden im Monat wert."

Der Bauer reagiert: „Ähm, ich w…weiß nicht, w…w…was du in d…dem Sch..Sch..Schuppen anst…anstellst, aber der Mie… Mieter vor euch hat ge…ge…gestohlene Au…Autos ver…ver… vertickt. Ich habe hier da…damals auch einen Po…Polizeieinsatz gehabt."

Ich schaue Peter an. Der wendet seinen Kopf ab, als ob er sagen wollte: nimm es oder lass es! Gut, dass wir das jetzt hören, dann wissen wir immerhin, woran wir sind. Das bedeutet also besonders aufmerksam sein, besser aufpassen, sicher in diesem Kaff, wo jeder jeden kennt.

Ich hatte nicht das Gefühl etwas Kriminelles zu tun bei meinem Hanfanbau. Ich wusste, dass Softdrugs, oder auch „Babydrugs", geduldet wurden und dass es überall Coffeeshops gab, wo man Gras kaufen und rauchen konnte. Alle Sachen für die Zucht von Marihuana waren legal und problemlos im Growshop zu kaufen. Früher hat man noch nicht so viel darüber gehört. Nur wenige Leute wussten, wie Hanf riecht und wie es aussieht. Wie man eine Plantage erkannte oder wie man eine entdecken konnte, war unbekanntes Terrain. Inzwischen ist das ein wenig anders.

Peter und ich beginnen bei Bauer Franske, den Verschlag zu bauen. Franske kommt ab und zu vorbei um nachzusehen und sagt dann ständig: „Es in…interess…ss…iert mich nicht, so… solange ich m…m…mein Geld krie…kriege." Wir sind immer auf der Hut. Verräter schlafen nicht, ist unser Motto. Wir machen aus dem alten Schuppen ein prächtiges Häuschen, mit allem was dazugehört, inklusive einer doppelten Wand. Wir rackern uns sieben Tage lang den Arsch ab um den Verschlag für den ersten Gebrauch fertigzumachen. Franskes Baracke ist alt und verfallen und dem Strom hier, vertraue ich nicht wirklich. Ich gehe zu Franske und frage, wie das mit dem Strom aussieht. Franske sagt, dass er das nicht weiß. Also lasse ich einen Elektriker kommen, der sich in den Abendstunden ein wenig Geld dazu verdienen will und den Strom sicher verlegen kann. Ich selbst bin vorsichtig mit Strom, ich habe keine Ahnung davon und deshalb lass ich es lieber sein.

Der Elektriker soll die Stromkabel für uns anschließen. Ich habe es immer übertrieben mit dem Strom, aber ich habe den Strom immer brav bezahlt. Damit bin ich wahrscheinlich eine große Ausnahme auf der Welt. Der Elektriker macht seine Arbeit und sagt mir dann: „Das Kabel, das hier aus dem Stromkasten von Franskes Haus kommt ist viel zu dünn für die Strahler, die ihr hier aufgehängt habt. Das wird schief gehen, du kriegst sofort einen Kurzschluss, wenn wir das Kabel nicht austauschen. Das funktioniert so nicht."
Scheiße, da haben wir eine tolle, große Plantage gebaut und jetzt haben wir zu wenig Strom! Peter sollte sich um das Stromkabel kümmern. Hat er also nicht. Was sollen wir denn jetzt machen? Peter hat eine Lösung: „Ich kenne noch ein gutes Stromaggregat, das zu verkaufen ist, kostet fünftausend Gulden. Dann haben wir sicher genug Strom, wir benutzen roten Diesel, extra billig und fertig." „Das ist wirklich eine gute Option, aber ist das Ding auch geräuschlos?", frage ich, ansonsten wecken wir die gesamte Straße, wenn hier die Strahler angehen!"

Peter und ich gehen zusammen zu dem Mann, der das Stromaggregat verkauft. „Guck da steht es, schön auf dem Anhänger, siehst du."
Das Aggregat ist aus der Steinzeit. Ältere findet man nicht, ich schwöre es dir. Aber gut, Peter hat schon bezahlt und es gibt kein Zurück mehr. Wir kuppeln den Anhänger an und fahren

mit dem Ding zu Franskes Bauernhof. Mit Mühe und Not kriegen wir das schwere Ding endlich in den Schuppen. Aber der Kadaver muss wegen des Lärms noch im Boden vergraben werden. Außerdem sieht man sonst zu leicht, dass es hier im Schuppen steht. Naja, den vordersten Teil sieht man dann. Darum haben wir als Sichtschutz Autoreifen und leere Dosen vorne hingestellt. Wenn man reinschaut, sieht es aus wie ein Laden. Das haben wir gut hinbekommen. Wir schließen die Tür, um den Apparat, der uns wörtlich und bildlich die Erleuchtung bringen soll und prüfen es, um zu sehen, was wir da eigentlich gekauft haben. Peter ruckelt ein wenig an dem Ding, dreht an einigen Knöpfen herum, öffnet eine Klappe und das Teil beginnt zu dröhnen. Bop bop bop bopop, bopopopopop. Aus dem Auspuff kommt schwarzer Qualm und durch die enorme Erschütterung, fällt ein kompletter Stapel Autoreifen um. Die ganze Baracke ist voller Rauch und wir sehen die Hand vor unseren Augen nicht. Der Gestank und der Lärm sind nicht auszuhalten. „Mach es aus, mach es aus!", rufe ich. Bevor Peter das Ding zum Schweigen gebracht hat, kommt Franske aus seinem Bauernhaus zum Schuppen gerannt. „Hey, wa…was ma…ma…macht ihr da?", ruft er. „Drinnen flie…fliegt das g…g…ganze Ge…Geschirr durch d…die G…Ge…Gegend." Jetzt haben wir Ärger. Der Bauer weiß momentan noch nichts von der Hanfplantage. Aber wenn er das sieht, sitzen wir mächtig in der Scheiße. Auch wenn er gesagt hat, dass wir selber wissen müssen was wir mit dem Schuppen machen. In der Zwischenzeit hat Peter das Aggregat zum Schweigen gebracht. Was für eine Ruhe. Wir gehen sofort nach draußen, schließen die Garagentür und gehen auf den Bauern zu, der inzwischen ungefähr vier Meter vor uns steht. „Sorry, Franske, ein Aggregat für´s Geschäft ist uns runter gefallen wir wollten nur eben nachsehen, ob es noch funktioniert. Nochmals Entschuldigung für den Lärm", sage ich. Ich bleibe freundlich, so wie es auch danach immer geblieben bin. Jetzt, da wir den Bauern wieder beruhigt haben, schwingen wir uns auf unsere Fahrräder und fahren weg. Wir haben den Bus nämlich immer nur bis zu zwei Kilometer vor der Scheune benutzt, von da aus sind wir den Rest mit dem Fahrrad gefahren. Das fiel in der Nachbarschaft dann nicht so sehr auf. Das hatten wir uns gut überlegt, oder?

Nach diesem kleinen Abenteuer ist mein Freund Peter so geschockt, dass er mit einem Mal alles hinwerfen will. „Okay", sage ich, „und wie bekomme ich jetzt mein Geld zurück, das ich dir geliehen habe?"
„Ähm", sagt Peter, „naja, weißt du was, behalte die Plantage doch einfach selbst. Mal sehen, ob du mit dem Bauern zurechtkommst. Vielleicht musst du ihm genau erzählen, was du vorhast."
„Toll! Jetzt habe ich auf einmal alleine eine Hütte voller Gras", sage ich „einen riesigen Hanfverschlag für mich alleine anstelle meines Geldes?"

Am nächsten Morgen werde ich wach und denke darüber nach, wie ich den Bauern davon überzeugen kann, dass so ein Marihuana Verschlag nichts Schlimmes ist. Und er bekommt ja immerhin eine gute Miete für den Schuppen? Vielleicht muss ich ihn mit etwas mehr Geld auf den Geschmack bringen. Dann macht er es sicherlich. Das würde doch jeder machen? Mit Geld kann man alles kaufen?
Am nächsten Tag nach der Arbeit nehme ich all meinen Mut zusammen und gehe zu Bauer Franske. Gegen sieben Uhr bin ich dort, rechtzeitig nach dem Abendessen.
„Hey", sagt er, „ko…komm r…rein Junge. Ich wohne hi…hier zusammen mit mei…meiner Mu…Mutter, sie ist sechsundneu…. neunzig und m…m…meiner pol…polnischen Frau, mit der ich vie…vie…vielleicht irgendw…wann mal in Po…Polen leben werde", sagt er grinsend. „Meine Mu…Mutter h…h…hängt am Sau…Sauerstoff…app…app…apparat und meine Frau u…u… und ich k…kümmern uns um sie."
„Lieb, dass du das für deine Mutter tust", sage ich.
Nach zehn Minuten Small- Talk, beginne ich mit meinem Anliegen. Ich erkläre ihm alles. Wie und was ich dort hinten machen werde, und so weiter. Zum Schluss, komme ich auf den Mietvertrag zu sprechen. Ich sehe, dass er gründlich nachdenkt. Ich biete ihm an, nicht fünfzehnhundert Gulden, sondern dreitausend Gulden im Monat zu bezahlen. Wenn er einverstanden ist, kann ich weitermachen und in einer Woche läuft das Ding. Ich muss nur noch ein dickeres Stromkabel kaufen. Das muss dann über den Dachboden in seinen Stromkasten. „Also, Franske was machen wir? Traust du dich? Ein Jahr lang?"

„O…Okay, für ein Jahr und drei…dreitausend Gu…Gulden im Monat, Bar auf d…die Ha…aaaand." „Ist gut", sage ich, „abgemacht!" Wir geben einander die Hand und ich gehe schnell, damit Franske es sich nicht wieder anders überlegen kann, denn jetzt muss ich schnell sein. Ich fahre zu einem Großhändler, um so ein dickes Kabel zu kaufen. Der Mann dort fragt mich: „Züchtest du Tomaten?" Er lacht. „Ja", sage ich, „meine Frau ist verrückt nach Tomaten. Die brauchen viel Licht." Jetzt lache ich, aber ich bringe nur ein gequältes Lachen über die Lippen. Schnell das Stromkabel kaufen. Das kostet mich mal eben dreitausend Gulden. Nicht normal.

Am gleichen Abend hole ich den Elektriker ab und mit dem dicken Stromkabel im Bus, fahren wir zu Bauer Franske. Draußen ist es schon dunkel und die Straßenlaternen sind schon an. Auch auf Franskes Hof sind draußen viele Lichter an. Auch im Bauernhaus brennen alle Lichter. Nach ungefähr einer Stunde Arbeit, um das Kabel bei Franske anzuschließen, ist es so weit. Ich muss drinnen beim Stromkasten stehen und binnen ungefähr fünf Minuten schließt der Elektriker alles in der Scheune an. Die alte Mutter von Franske ist bettlägerig und man kann sie ab und zu husten hören. Franske wohnt bei ihr oder sie bei ihm, je nachdem wie man das betrachten will. Inzwischen soll ich für die Testphase, den Strom in Franskes Haus abwechselnd an- und ausschalten, das hat mir der Elektriker aufgetragen. Während ich warte, höre ich Franskes Mutter im Zimmer nebenan schwer atmen, husten, prusten und röcheln. Ein alter Mensch gibt äußerst seltsame Geräusche von sich. Ich weiß ungefähr, welchen Knopf ich drehen muss und dann geht's los. Ich drehe den Knopf um. Das Licht geht aus. Und zurück. Das Licht geht wieder an. Zum Glück, es funktioniert. Ich bin erleichtert. Ich hatte es noch nie so mit Strom und darum habe ich mein Schicksal in die Hände eines Elektrikers gelegt. Franske beobachtet mit Argusaugen, was wir machen. Keine drei Minuten später hören wir einen lauten Knall und der ganze Strom fällt aus. Alle Lampen im Haus, draußen auf dem Platz, selbst die Straßenlaternen geben den Geist auf. Auf einmal war es stockdunkel. Ich erschrecke mich zu Tode. Oh, oh jetzt muss das Energieunternehmen kommen und dann sind wir am Arsch, noch bevor wir auch nur einmal geerntet haben.

Aber was geschieht? Während ich, vollgepumpt mit Adrenalin vor dem Stromkasten stehe, mit meinem kleinen Feuerzeug für ein wenig Licht und mit dem piependen Geräusch von Franskes Mutter im Hintergrund, kommt der Elektriker mit einer Taschenlampe in der Hand angerannt, wechselt einige Stecker und zu meiner Überraschung, springt alles wieder an. Froh, ich bin so froh, denn man bekommt einen Haufen Ärger, wenn das Energieunternehmen extra herkommen müsste. Aber gut, alles läuft wieder perfekt. Der Elektriker ist auch sehr gestresst und will direkt nach Hause. Nervös sagt er zu mir: „Alles funktioniert, können wir dann jetzt bitte sofort gehen?" Er will nicht mehr und wir gehen dann auch sofort. Franske bleibt eisern ruhig und das Husten und Prusten seiner Mutter ist auf einmal bedeutend abgeflacht.

Später in derselben Woche erzählte Franske, dass seine Mutter am Beatmungsgerät angeschlossen war und dass sie während des Stromausfalls für kurze Zeit keinen frischen Sauerstoff mehr hatte. Das erklärte auch ihr Röcheln und die anderen seltsamen Geräusche, die ich während der Störung hörte. Aber Ende gut, alles gut. Zum Glück lebte Franskes Mutter noch!

Rund fünf Wochen später starb Franskes Mutter. Ich sehe ihn auf den Innenhof kommen und rufe: „Hey, Franske, können wir eben etwas besprechen? Hast du eben Zeit?" „Jaaa…haa habe ich m…m…mein Junge. Wa…Was gibt´s?"
„Franske, alles ist gut gegangen und du hast ungefähr dreißigtausend Gulden Miete während des letzten Jahres für den Schuppen bekommen. Jetzt wollte ich wissen, was wir im neuen Jahr machen?"
„Nuuuuun ja, es ist so. Mein So…Sohn wird hier auf d…d…den Bau…Bau…Bauernhof ziehen, i…ich ziehe mit m…m…meiner Frau nach Polen, jetzt da meine Mu…uuu…tter gestorben ist. Also k…k…kann ich jetzt ge…gehen." So sagt er wörtlich.

Seine Mutter ist gerade eben „kalt" und er hat jetzt schon Pläne sofort abzuhauen. Franske hat auch noch einen Sohn. Den habe ich das ganze Jahr über hinweg noch nie gesehen und ich bin auch überrascht, dass er auf einmal damit rausrückt, einen Sohn zu haben. „Er ü…übern…übernimmt den H…H…Hof.", stottert Franske. Ich hoffe darauf, dass auch sein Sohn die dreitausend Gulden Miete im Monat kassieren will, sodass ich die Scheune

weiterhin mieten kann und ich gehe davon aus, dass auch er sich mit diesem Betrag anfreunden kann. Wie der Vater, so der Sohn, schießt es mir durch den Kopf. Ich habe vollstes Vertrauen darin. Ich frage Franske also: „Kann ich mit deinem Sohn um ein Jahr verlängern? Das wäre großartig!" Und was sagt mir der alte Stotterer? „Ich h…habe meinem S…S…Sohn gesagt, dass er da…da… damit gar nicht erst an…an…anfang..en soll." „Was?", frage ich ihn bestürzt. „Wie geht es denn dann weiter?" Franske traut sich nicht, mir ins Gesicht zu sehen, spielt mit seinen Holzschuhen herum und macht mit deren Spitze kleine Kreise in den Sand. Er sagt: „Du m…m…musst in z…zehn Wo…Wo…Wochen raus sein, d…dann zieht er h…hier ein."
Nachdem er in weniger als einem Jahr, mehr als dreißigtausend Gulden Miete bekommen hat, sagt er dann noch nebenbei: „Und ich w…w…will noch f…f…fünf Riesen als B…Bo…Bo…Bonus, denn es ist j…ja alles g…g…gut ge…gelaufen?" „Ernsthaft, Franske?", frage ich ihn. „Okay, das regeln wir nach der letzten Ernte."
„Das ist g…gut", sagt er, „und d…dann räumt ihr a…a…alles wie…wieder schön auf, ja." Und das in einem Ton, nach dem Motto: hör gut zu, ja. Im Stillen denke ich: okay, ist in Ordnung, Franske, aber erst nehme ich noch eine Ernte mit, dann räume ich auf und dann habe ich noch eine Überraschung für dich wenn alles weg ist.

Sechs Wochen später ist es dann so weit. Die letzten Pflanzen sind weg und jetzt muss ich noch den ganzen Kram wegräumen. Jetzt sitze ich nur auf meiner Blumenerde und dem Restabfall. Denn man hat einen riesen Haufen Müll, wenn man so einen großen Verschlag abreißen muss. Aber dann kommt mir die Überraschungsidee für Franske in den Sinn. Einzig und allein der Gedanke daran, zaubert ein Lächeln auf meine Lippen für diesen habgierigen Stotterer.

Alles, was wertvoll ist, lade ich in meinen Bus, die Strahler, die Absauger, das dicke neue Stromkabel und noch ein paar andere brauchbare Dinge. Die alte Blumenerde, die Autoreifen zur Tarnung, die Blumentöpfe und den ganzen unbrauchbaren Schrott, lasse ich in Franskes Schuppen. Es ist ein großer, funkelnder Schrotthaufen geworden. Ich habe ein neues, dickes Hängeschloss an die Tür gehangen, den Schlüssel in meine

Tasche gesteckt und bin gegangen. Einen schöneren „Bonus"
konnte ich mir für Franske nicht ausdenken.

Franske hat nur die Nummer für meinen Pieper und er hat
mich wochenlang zahllose Male am Tag angepiept, weil er
wahnsinnigen Schiss hatte. Weil er damit nicht aufhörte, habe ich
meinen Empfänger spät abends in seinen Briefkasten gestopft.

Seitdem habe ich von Franske nichts mehr gehört und ich nehme
an, dass er allmählich nach Polen gezogen ist. Denn, laut Franske
waren polnische Frauen verrückt nach Bauern mit einem gut
gefüllten Portemonnaie und dann ist das Stottern auch egal.

3 Glück im Unglück

Beet Nummer 3.
Jetzt, da das Abenteuer bei Franske vorbei ist, komme ich
wirklich in Fahrt. Es wird zum Hochleistungssport. Und ich habe
immer noch das Gefühl, dass ich nichts Strafbares mache. Und
es wirft große Gewinne ab. Geldsorgen habe ich keine mehr und
den versprochenen Blumenstrauß hat meine Frau mittlerweile
auch bekommen. Und sogar mehr.
Über einen Bekannten aus meiner Zeit als Versicherungsfritze
lerne ich wieder so einen Typ kennen. Gerd heißt er. Er besitzt
ein paar Firmengebäude und ich höre im Gespräch mit ihm
heraus, dass er ziemlich im Mietrückstand ist. Er will aus
den Gebäuden schon was rausholen. Das Gebäude ist auch
unterkellert, was natürlich eine günstige Nebensächlichkeit ist.
Denn wenn ein Keller vorhanden ist, muss ich mich nicht mit der
Außentemperatur herumschlagen. Das ist wunderbar, um gut
züchten zu können.
Ich verabrede mich dann auch mit Gerd. Franz ist inzwischen
mein Freund und Compagnon geworden und kommt auch
mit. Franz und ich sind jetzt Partner im Marihuana Anbau.
Franz Autohandel ist ein perfekter Deckmantel, nicht zuletzt
deswegen, weil auch ab und zu Schwarzgeld mit einfließt.

Zusammen kommen wir an Gerd´s Firmengebäude an, das
wohlgemerkt mitten in der Stadt liegt. Täglich laufen dort einige
Menschen vorbei, aber so ist da nun mal, wenn man mitten in der
Stadt ist! Wir stellen uns bei Gerd vor. Wir kennen diesen Mann
nicht und wir haben ihn noch nie zuvor gesehen. Der Bekannte,
von dem wir den Tipp bekommen haben, wollte fünftausend
Gulden dafür haben, wenn wir uns einigen und letzten Endes
zum Züchten kommen. Ich darf nicht vergessen, das in die
Anfangskosten mit einzuberechnen. Im Endeffekt muss es
natürlich ein lukratives Geschäft bleiben. Falls das nicht klappen
sollte, dann lass ich die Finger davon. Es ist abhängig davon, wie
groß das Gebäude ist, wie viele Pflanzen wir züchten können
und was wir dafür bezahlen müssen. Auch wenn wir gutes Geld

machen, sind fünftausend Gulden verdammt viel Geld für einen Tipp. Ich habe gelernt, immer auf die Kleinigkeiten zu achten, aber jeder bekommt, was ihm zusteht. Aber neue Räumlichkeiten und der Ankauf der Pflanzen, mit allem drum und dran kostet das jedes Mal ein paar Mäuse. Du musst jedes Mal von Vorne anfangen, mit nichts in der Hand, außer du hast noch ein paar von den Strahlern aus der vorherigen Zucht. Und dann geht es nicht darum, ein Pfund Zucker zu kaufen. Denn beim ersten Mal muss man immer viel Kohle reinstecken. Wirklich sehr viel.

Ich schätze das Gebäude auf rund vierhundert Quadratmeter. Es steht ein Haufen Rummel drin, nicht mehr normal. Um seine Brötchen zu verdienen, hatte Gerd nämlich immer einen Stand auf Flohmärkten. Franz und ich gucken uns an und denken: da haben wir´s wieder. Es kann nicht ein einziges Mal einfach sein. Wir nennen solche Leute oft scherzhaft Familie Flodder. Das verrückte daran war, dass er auch noch gutes Geld damit verdiente. Nur geschäftlich war ein Dummkopf, das Geld, das reinkam, warf er noch schneller mit beiden Händen aus dem Fenster. Gerd hatte also immer Geldprobleme.

Wir gehen weiter durch das Gebäude, durch einen schmalen Gang und kämpften uns durch den ganzen Rummel. Am Ende kommen wir zu einer Tür. Er öffnet sie und ich sehe eine Treppe, die in den Keller führt. Wir laufen die Treppe hinunter und kommen im Keller aus, weit hinten gelegen im Gebäude. Super Ort, denke ich. Yes! Der Keller hat hundert Quadratmeter. Es sind zwei Räume, jeweils fünfzig Quadratmeter. Schön! Hier kann man was Gutes draus machen und es ist einfach zu halten. Denn das muss man auch können, den Kram aufrechterhalten. Je größer das Beet, desto schwieriger wird es mit der Pflege.

Ich schaue mich etwas um und sehe, dass der Stromkasten aus dem auch der Hauptstrom kommt, im Keller steht. Das ist gut, dann muss man wenigstens nicht am normalen Stromkasten rumtüfteln. Wie ich vorhin schon erzählt habe, habe ich immer brav meinen Strom bezahlt. Hier gibt es also genug Strom und das Grundstück ist super. Nur die Luftzufur und –abfuhr wird ein Problem.

Die Lösung dafür ist eigentlich ganz einfach: Wir bohren Löcher in den Betonboden. Durch die offene Kellertür kommt genug Luft herein. Für den Luftabzug haben wir uns etwas Schönes einfallen lassen: Wir blasen die gefilterte zurück in die Halle, anstatt nach Draußen. In die Filter setzen wir einen leckeren Duftstoff, um den Grasgeruch zu neutralisieren. Der Geruch, der

uns in die Nase stieg, war dadurch eher ein exotischer Duft und eine Verbindung mit Hanf konnte aufgrund des Geruchs also nicht hergestellt werden.
Das System scheint perfekt. Das wird deutlich, als Gerd einen Elektriker einige Arbeiten im Haus machen lässt. Dieser Elektriker weiß nicht, dass im Keller Pflanzen stehen. Gegenüber Gerd erwähnt er: „Verrückt, aber ich finde, dass es hier sehr lecker riecht, nach frischgebackenem Brot oder so. Davon bekomme ich Hunger. Ist hier in der Straße irgendwo ein Bäcker?"
Ich habe Gerd gesagt, dass er den Elektriker nicht allein lassen soll, damit er nicht durch das ganze Haus schlendert. Ich bin immer auf der Hut, auch wenn der Elektriker ein Bekannter war, ist es trotzdem besser, wenn er nichts davon weiß, dass ich züchte. Ein seltsamer Geruch kann zu sehr unangenehmen Fragen führen. Ich muss aber innerlich lachen, als der Elektriker von frischem „Bäckerduft" spricht.

Mittlerweile konnten wir ein paar Mal erfolgreich ernten und es ist nichts Besonderes vorgefallen, aber es bleibt stressig. Jeden Tag können sich Dinge entwickeln, die man nicht in der Hand hat. Ich habe nur dieses eine Beet und kann also viel Zeit darin investieren für eine gute Ernte. Mein Kumpel und ich haben fünfzehnhundert Pflanzen dort stehen, siebenhundertfünfzig links und siebenhundertfünfzig rechts. Wunderbar! Alles läuft großartig. An der Tür steht in großen Buchstaben: WASSER ABSTELLEN. Um nicht zu vergessen das Wasser abzustellen, wenn wir wieder gehen. Die Gefahr besteht, wenn man am Quatschen ist und währenddessen das Fass voller Wasser läuft. Man kümmert sich um alles und sorgt dafür, dass man schnell wieder wegkommt. Man ist doch immer nervös, wenn man dort ist. Es kann schließlich alles Mögliche passieren.
Wir zahlen viertausend Gulden Miete an Gerd. Das ist viel Geld für einen Keller, aber naja, Gerds Firma war dann auch ein guter Deckmantel für unsere Hanfplantage. Alles läuft prima, abgemacht ist abgemacht. Gerd hat immer brav sein Geld bekommen.
An einem Freitagabend sind wir wieder dort, um alles zu checken. Mein Kumpel und ich sind im Beet, um die Wasserfässer zu füllen. Der Rest, Versorgung, Wasser, pH- Wert, und so weiter ist vollautomatisch durch einen Versorgungscomputer geregelt. Darum müssen wir uns also

nicht kümmern. Wir haben eine gute Stunde gequatscht und sind gegen sieben Uhr gegangen. Im Auto frage ich Franz noch, ob er den Wasserhahn zugedreht hat. „Ja, natürlich", sagt Franz, „hundertprozentig!" Also ist alles in Ordnung und wir quatschen weiter während wir nach Hause fahren.

Wir sind inzwischen so gut mit einander befreundet, dass es nie auch nur einen stillen Moment gibt. Wir haben immer einen Mordsspaß!

Montagmorgen gegen elf Uhr ruft Gerd bei mir an, um mir zu sagen, dass die Bewohner ein Stockwerk über unserem Haus schon seit Freitagabend Wasser fließen hören. Er will wissen was los ist. Mein Herz rutscht mir in die Hose. Denn der gesamte Strom läuft durch unseren Keller. Ich rufe sofort Franz an und frage: „Sag mal, weißt du hundertprozentig sicher, dass du getan hast, was ich dich gefragt habe?" Man muss auch am Telefon immer vage bleiben, denn man weiß nie, ob man von der Polizei angezapft wird. „Der Vermieter hat mich nämlich angerufen."

„Ähm nein, jetzt, wo du so fragst, bin ich mir nicht mehr so sicher."

„Ich bin in fünf Minuten bei dir", sage ich und scheiß mir fast in die Hose, vor lauter Angst, dass der ganze Keller unter Wasser steht und dass das einen Kurzschluss auslösen kann, wodurch die gesamte Bude abfackeln kann. Es hängen dort immerhin ein Dutzend Strahler von je vierhundert Watt herum.

Ich werde wirklich wütend. Die ganze Stadt kann mit einem Mal ohne Strom dastehen, spukt es mir durch den Kopf. Ich fuhr damals schon einen neuen Mercedes S-Klasse und mit so einer Karre bist du schnell vor Ort, auf jeden Fall mit zweihundert Sachen die Stunde. Vollgepumpt mit Adrenalin stürzen wir ins Haus.

Wir kommen dort an, gehen rein und schalten das Licht in der Halle an. Es funktioniert noch. Das beruhigt schon mal, denn das heißt, dass der Strom noch funktioniert. So hoch kann das Wasser also nicht im Keller stehen. Wir laufen beide nach Hinten, öffnen die Kellertür und schauen die Treppen hinunter. Das Wasser hat die untersten sieben Stufen unter Wasser gesetzt. Das bedeutet, dass das Wasser ungefähr einen Meter hochsteht. Die Strahler brennen noch und ich sehe auf einen Blick, dass sich die Pflanzen mit dem Wasserspiegel bewegen. Die Pflanzen stehen in sogenannten „Librabakken", eine Art Trog der nach dem Ebbe- und Flutsystem mit schaukelt.

Das Wasser steht zehn Zentimeter unter den Töpfen! Wow … die Pflanzen sind also noch nicht abgesoffen! Yes… gut…!
Franz zieht seine Schuhe und seine Hose aus und läuft durch das Wasser zum Wasserhahn und dreht ihn zu. Mir fällt ein Stein vom Herzen, pffff.
An den Pflanzen ist zum Glück nichts dran. Sie stehen noch gut. Jetzt versuchen wir das Wasser abzupumpen. Aber wie? Wie bekommt man unbemerkt Tausende Liter Wasser aus dem Keller? Und wohin damit? Meistens verläuft unter einem Keller auch ein Abwasserkanal, aber wo findet man den? Ein Deckel? Eine Grube?
Ich schaue mich um und entdecke einen Kanalschlauch, der von der Toilette aus entlang der Mauer in den Boden führt. Ich sage zu Franz: „Da verläuft ein Abwasserschlauch, und wenn wir es schaffen ein Loch hineinzumachen, du dich um ein paar Tauchpumpen kümmerst, dann bekommen wir das Wasser wieder weg.“
Franz nickt, geht die Treppe hoch, zieht Hose und Schuhe wieder an und wir gehen zusammen zu einem Kumpel. Er verkauft Schwimmbecken und wir holen ein paar Tauchpumpen von ihm.

Es dauerte drei Tage, um das Wasser aus dem Keller zu pumpen, aber den Pflanzen ging es so gut, dass die spätere Ernte noch besser war, als die vorige. Wahrscheinlich ist durch das viele Wasser die Luftfeuchtigkeit so hoch gewesen, dass das die Blüte beschleunigt hat und die Knospen größer geworden sind. Luftfeuchtigkeit und Wärme sorgen letztlich für eine gute Zucht.

Glück im Unglück würde ich sagen, aber es war trotzdem stressig genug.

4 Strom

Einige Wochen später teilt uns der Vermieter mit, dass Eon den Strom ablesen will und ob wir deswegen vor Ort sein können, um mit den Mitarbeitern zu sprechen.

Scheiße, denke ich, die messen natürlich den Verbrauch und so wahnsinnig viel Strom für so eine kleine Hütte, lässt die Männer sicher nachdenklich werden. Ich kann dem Vermieter schließlich auch nicht sagen er soll mal den Stromzähler frisieren, denn dann ist die Kacke sofort am Dampfen.

„Okay, ich gehe hin", lasse ich den Vermieter wissen.

Bei achtzig Lampen und fünfzehnhundert Pflanzen sprechen wir nicht mehr von einem Häuschen, sondern von einem großen Haus.

Ich bin mit Franz am Überlegen und er fragt, ob es nicht besser sei, die Pflanzen verschwinden zu lassen. Wie von der Tarantel gestochen sage ich zu ihm: „Bist du denn jetzt völlig übergeschnappt Mann, wir stehen vierzehn Tage vor der Ernte, ich schmeiß doch jetzt nicht meine ganze Ware weg."

„Okay", sagt Franz, „aber dann jammer auch nicht rum wenn die Eon- Kerle davon Wind bekommen und zu den Bullen rennen!"

Schweigend sehen wir einander an und ich fahre später, zur vereinbarten Zeit, alleine zur Hütte.

Und natürlich stehen auf die Minute genau zwei Männer von Eon auf der Matte. Ich bleibe ruhig, fühle mich aber ziemlich unwohl.

„Guten Tag, die Herren", begrüße ich sie mit einem kläglichen Grinsen.

„Eon", sagt der Eine, „wir sind hier um den Strom abzulesen und um zu kontrollieren, ob alles in Ordnung ist."

„Kommen Sie rein", sage ich und mache die Tür sperrangelweit auf für die Herren. Es ist, als ob sich die Pforte zur Hölle öffnet.

Ich begleite die Zwei zum Zählerkasten, wo der eine sein Köfferchen öffnet und einen Messapparat heraus holt, während der andere die Zählerstände abliest. Es gab zwei, denn der Zähler war ausgestattet mit Tag- und Nachtstrom. „So", sagt der

eine Eon- Mann, „ganz schön viel Verbrauch hier, das sehen wir gerne, denn letzten Endes geht es um´s Geld, nicht wahr?"
Mann, worüber redet der, denke ich. Ich wende mich von ihm ab und sage gelassen zu ihm, während ich ihn nicht ansehe: „So ist das!", und entferne mich vom Zählerkasten.

Die Tür zum Keller ist nicht zu sehen, da ein Schrank davor steht, zwar auf Rollen, aber das sehen die Männer nicht. Während ich beinahe vor Nervosität sterbe, höre ich den einen, der die ganze Zeit mit seinem Messgerät herumspielt, zu seinem Kollegen sagen: „In Ordnung." Er klappt sein Messgerät wieder zusammen und steckt es zurück in seine Tasche.

„Fertig, die Herren?", frage ich, während sie schon wieder in Richtung Tür gehen. Ich öffne die Tür, wünsche den Beiden noch einen schönen Tag, schließe die Tür wieder und lasse mich gegen die Rückseite der Tür fallen.

Nicht zu fassen! Eonmitarbeiter stehen direkt über meiner kleinen Plantage und lesen den Strom ab und alles ist in Ordnung, während im Keller unterhalb des Stromzählers meine Pflanzen wachsen und gedeihen.

Aufgrund der Tatsache, dass ich sowohl Strom- als auch Wasserrechnungen immer vorbildlich bezahle, haben sie vielleicht nur einen Routinecheck gemacht und dann gibt es auch keinen Grund misstrauisch zu werden. Das ist doch super. So können wir noch ein paar Mal schön Gas geben.

Man muss wenigstens einmal geerntet haben, bevor man die Investitionen wieder raus hat aber natürlich will man auch den einen oder anderen Cent daran verdienen. Es stimmt was der Eon- Mann sagte: „Es geht immer ums Geld."

Die Ernte ist besonders gut, aber gerade erst vom Eon- Schock erholt, erzählt unser Strohmann, Gerd, dass er beachtliche Mietschulden hat. „Was?!", sage ich, „obwohl wir so viel Geld bezahlen plus die Miete. Hast du die Miete denn noch nicht bezahlt? Mein Gott! Was zum Teufel! Du machst nichts anderes als Geld bekommen und du verbrätst es trotzdem. Dummes Arschloch. Von wie viel Mietschulden reden wir hier?"

„Achttausend Gulden", sagt er.

„Wie bitte??? Also hast du während der ganzen Zeit beinahe keine Miete bezahlt. Du hast alles Selbst ausgegeben, hm? Heilige Muttergottes!"

Gerd starrt vor sich hin, sagt nichts und zuckt lakonisch mit den Schultern. Ich schau Franz an und frage: „Und jetzt?"

„Ja", sagt er, „das kostet uns also wieder mal acht Riesen, scheiße. Wir bringen dir das Geld morgen vorbei, aber wir sind noch nicht fertig mit dir! Das ist das erste und letzte Mal, dass du uns bescheißt. Morgen bekommst du die Kohle und du wirst sofort alles bezahlen. Und du zeigst uns den Kontoauszug oder den Einzahlungsbeleg! Wir wollen sehen, dass du bezahlt hast, sonst setzt es was."

„Ja, ja, okay", sagt Gerd. „Das ist super", fügt er noch hinzu. Am nächsten Tag habe ich ihm die acht Riesen gebracht. Gerd hat alles bezahlt, hat uns den Beleg gezeigt und wir konnten weitermachen.

Jetzt, da wir schon eine Weile mitmischen, begegnen wir aller Hand Leute, die auch im Geschäft sind. Und wenn es dann wieder um Dinge geht, die irgendwo, irgendwie schief gelaufen sind, kriegt man von den Leuten immer zu hören: „Jaaa… Gras beschert einem nur Kummer und Sorgen!" Das ist sicher so, denke ich, aber niemand hört damit auf, denn die Freude an der ganzen Kohle ist für viele noch größer als der Ärger und Stress, die das Zeug mit sich bringt. Und wir haben doch alle ein paar Ausgaben mehr, als mein alter Nachbar, der seit vierzig Jahren jeden Morgen mit seinem Drahtesel in die Fabrik radelt.

Wir haben die acht Riesen, die wir Gerd gegeben haben, noch nicht wieder reingeholt, als der Herr mich anruft und fragt, ob er mich so schnell wie möglich sprechen kann. Gerd ruft nie an, aber wenn er das tut, dann ist die Kacke am Dampfen. Ich denke: „Oh scheiße, nicht schon wieder." Aber am Telefon sage ich nur: „Ich bin gleich da."
Wird das die Krönung unserer Zusammenarbeit?
Ich fahre zu ihm, steige aus dem Auto, klingel an der Tür und er öffnet sie fröhlich, als ob nichts wäre. Meiner Meinung nach, macht er das für seine Frau, denn die weiß wahrscheinlich nichts von alledem. Ich sage seiner Frau Hallo und wir gehen zusammen in den Garten mit einer Flasche Bier, die Gerd noch eben aus dem Kühlschrank geholt hat.
„Wir haben ein Problem", sagt er schließlich, schon gegen eine Schaukelstange lehnend. Ich schaue ihn an und sage: „Doch nicht schon wieder, Junge, Junge!"

„Ja", sagt er, „ich habe einen Brief vom Eigentümer des Schuppens bekommen, er will den Mietvertrag kündigen, schon nächsten Monat. Auch wenn jetzt alles bezahlt ist."

Ich schaue ihn an, nehme einen Schluck Bier, stecke mir eine Zigarette an und schweige mindestens eine Minute lang. Es dauert noch zwei Wochen, bis wir die Pflanzen, die dort noch stehen, ernten können. Dann sind die neun Wochen um, die die Pflanzen nötig haben. Dann haben wir noch zwei Wochen um, aufzuräumen. Ich sage ihm in ganz ruhigem Ton: „Ruf du den Makler an und sag ihm, dass du ihm den Schuppen in genau einem Monat leer übergeben wirst."

Gerd guckt mich überrascht an und er beginnt zu lächeln. Er wagt es sogar zu sagen: „Aber ich habe ja eigentlich noch Recht auf einen Bonus." Ich sehe ihn starr an und sage: „Hör zu mein Freund, du hast acht Riesen extra bekommen, während wir dich anständig bezahlt haben. Mit den acht Riesen stehst du bei mir in der Kreide. Vergiss das nicht und jetzt müssen wir aus der Hütte raus und da wagst du es noch nach einem Bonus zu fragen?"

Ich starre ihn in Grund und Boden, er wird ein wenig blass um die Nase und er zieht kleine Kreise um die Schaukelstange. Dann sagt er: „Okay, lass den Bonus stecken, aber die acht Riesen kann ich dir nicht zurück bezahlen, jetzt da die Miete wegfällt."

Die acht Riesen waren wir los, aber wir konnten noch rechtzeitig ernten und haben die drei Wochen geschuftet, wie die Schweine um die Kosten für die Ernte wieder reinzuholen und alle Sachen anständig zu beseitigen.

Als wir bis auf einige Kleinigkeiten, fast alles in einen gemieteten Lkw geladen haben, steht auf einmal ein Mann in einem dreiteiligen Anzug auf der Kellertreppe. Er sieht uns an, rennt wie ein Verrückter wieder weg, gerät in Panik und schreit: „Hilfe, Hilfe!" Er flüchtet aus dem Keller. Auf der Treppe ruft er noch: „Maffia, Maffia." Wir schauen uns perplex an und brechen in Lachen aus. „Wer war denn das?"

„Wahrscheinlich der Makler", sagt Franz.

„Beeilung jetzt, das letzte Zeug einpacken und dann weg hier."

„Lass den Sand und den anderen Kram liegen", sage ich noch zu Franz. Mit dem Wagen, voll bis zum Rand, verschwinden wir. Ich bitte Franz eben auf dem Parkplatz gegenüber des Schuppens anzuhalten, damit ich alles abschließen kann. Franz parkt den Lkw auf der gegenüberliegenden Straßenseite und ich schließe ab, überquere die Straße und laufe zurück zum Lkw. Als ich fast beim Auto bin, kommen mir zwei Polizeibusse mit Blaulicht entgegen, jedoch ohne Martinshorn, die mit quietschenden Reifen vor dem Schuppen zum Stillstand kommen. Ohne die Sirene habe ich sie natürlich auch nicht kommen hören. Eine kleine Armee von Bullen steigt aus, direkt vor dem Schuppen und es kommt noch ein Wagen mit Männern in weißer Uniform, und das alles vor der Tür, die ich gerade abgeschlossen habe. Ich steige in den Lkw, stecke mir eine Zigarette an und beobachte das Schauspiel. Sie brechen die Tür auf, die ich gerade eben abgeschlossen habe, stürmen ins Innere und die uniformierten Polizisten gehen mit gezogener Waffe voraus, dahinter eine Armee weißer Mäuse.

Franz guckt mich an, ich gucke ihn an und er sagt: „Hast du eine Ahnung, was da los ist? Sollen wir eben nachschauen?" Wir können uns kaum noch halten vor Lachen. „Wir kommen gerade richtig raus", sage ich zu Franz. Wir bleiben im Auto sitzen und beobachten, was passiert.

Ein Bulle nach dem anderen kommt tröpfchenweise wieder raus und die Männer in den weißen Anzügen folgen schnell. Kleine Flaschen Wasser werden an die Männer verteilt. Wir sehen, dass nichts passiert. Der Container, der angeliefert wurde für den erwarteten Berg Unkraut hat die Beine noch nicht einmal ausgeklappt und die Bullen können wieder abziehen, nachdem sie ihren Durst gelöscht haben. Sie haben absolut nichts gefunden, außer dem Kram, den wir hinterlassen haben. Inzwischen wurde es voll auf der Straße. Ein Haufen Leute war dort, um zu gaffen. Ein rotes Band war zur Absperrung gespannt, zum Scherz wollten wir dort noch vorbei fahren, aber durch die Platzierung der Absperrung war das nicht möglich. Und es wäre zu weit gegangen durch die Absperrung zu fahren. Einer der Männer in den weißen Anzügen hat eine Plastiktüte gefüllt mit Sand mitgenommen.

„Komm", sagt Franz, „wir gehen auspacken." Und er startet den Motor. Wir fahren in aller Seelenruhe nach Hause und wir haben die Sachen woanders eingelagert. Die Ernte ist gerettet und Gerd, unseren Strohmann, haben wir nie wieder gesehen oder gesprochen.

5 Uschi´s Muschi

Henk ist Leiter und Eigentümer eines Betriebs, mit dem ich arbeite. Er ist ein sehr herzlicher Mann. Für jeden Spaß zu haben und er liebt es zu zocken. Er erzählt oft, dass er wieder so und so viel im Casino gewonnen hat. Aber er jammert nicht darüber.

Eines Abends ruft er an. Er will ein wenig quatschen. Er erzählt, dass er tief in der Scheiße steckt. Er fragt, ob ich seinen Reisepass aufbewahren kann. Was zum Teufel, denke ich. Darum frage ich auch: „Dein Reisepass, was soll ich mit deinem Reisepass?" Henk erzählt, dass er viele Schulden hat, dass er sich Geld geliehen hat, um seine Spielsucht zu befriedigen und dass er ohne seinen Pass in kein Casino mehr reinkommt.

Eigentlich kenne ich ihn nicht so gut, deshalb finde ich es ein wenig merkwürdig, dass er damit zu mir kommt. Henk hat genug Geschäftsfreunde. „Es sieht so aus", erzählt er, „ich habe ein Mietshaus und wohne dort mit meiner Tochter. Ich habe einen großen Dachboden und will meine Schulden los werden, denn diese Gerichtsvollzieher machen mich total wahnsinnig. Jetzt frage ich dich, ob du mir helfen kannst."

„Womit sollte ich dir helfen können?", frage ich ihn unschuldig. „Komm", sagt Henk, „das Züchten von Gras wird in den Niederlanden zunehmend ernster und ich weiß es zwar nicht genau, aber ich glaube, dass du da auch drinsteckst oder?"

Ich sehe ihn verwundert an und sage: „Warum denkst du das?" „Du willst mir doch nicht erzählen, dass du den dicken Mercedes dort geleast hast?", ist Henks Antwort. Ich schaue ihn an und sage für den Moment nichts.

Ich kriege regelmäßig Anfragen von Leuten, die möchten, dass ich mein Gras auf ihrem Dachboden anbaue. Jetzt also Henk. Ich vereinbare mit ihm, dass ich mir das am nächsten Tag bei ihm zu Hause mal ansehen würde.

Ich komme rein und kippe fast um bei dem Gestank und dem ganzen Müll. Was für ein Saustall. Es sieht aus, als ob hier eine Bombe eingeschlagen hätte. Ich habe in meinem ganzen

Leben wirklich noch nie so ein verdrecktes Haus gesehen, nicht normal! In der Küche steht der Abwasch von mindestens drei Wochen. In den Pfannen bildet sich schon Schimmel. Überall liegen Kleidung und Zeug herum! Es stinkt. Kurzum, es ist ein unglaublich widerlicher Saustall. Der Dachboden hat ungefähr fünfundzwanzig Quadratmeter. Das ist schon mal super und groß genug. Auch die Höhe von zwei Metern ist in Ordnung. Das wird´s werden. Wir gehen nach unten und in meinem Kopf bin ich schon am Rechnen. Zwanzig Pflanzen pro Quadratmeter, das sind vierhundertfünfzig bis fünfhundert Pflanzen auf dem Dachboden. Nicht verkehrt.

Henk bietet mir noch eine Tasse Kaffee an aber angesichts der verdreckten Umgebung, lehne ich dankend ab. Henk möchte wissen, ob ich Interesse habe, und fällt sofort mit der Tür ins Haus: „Ich will zehntausend Gulden pro Ernte und du kümmerst dich um alles. Falls es vor der ersten Ernte schief geht, dann verlierst du alles und ich brauche dir nichts zu bezahlen. Als Gegenleistung nehme ich alle Schuld auf mich falls es Ärger mit der Polizei oder Probleme mit dem Stromversorger geben sollte, also überleg es dir." Offensichtlich hat er gut darüber nachgedacht. Im Prinzip bin ich einverstanden, aber ich will noch abmachen, dass ich mindestens ein Jahr hier bleiben darf und dass weder er noch seine Tochter ohne meine Erlaubnis auf dem Dachboden rumschnüffeln dürfen. Zum Schluss verlange ich noch einen Schlüssel für das Haus, sodass ich jederzeit Zugang zu meiner Ware habe.

Ich fühle mich wie ein Sozialarbeiter, denn ich helfe jedes Mal Leuten, die finanziell in der Scheiße sitzen und mein Geschäft bietet für beide Parteien einen Ausweg. Henk bekommt zehntausend Gulden pro Ernte. Ich erkläre ihm, dass eine Ernte ungefähr zehn bis elf Wochen dauert, inklusive Knipsen, Trocknen und Verpacken. Henk ist einverstanden und wir versprechen einander das durchzuziehen.

Ich habe alles schnell gekauft und habe mich an die Arbeit gemacht. Nach vier Wochen sind Franz und ich fertig mit dem Dachboden. Die Kosten belaufen sich auf fünfundzwanzigtausend Gulden. Aber dafür ist auch dieses Kämmerlein wieder vollautomatisch. Ich muss lediglich alle zwei Wochen das Wasserfass füllen. Das erledige ich immer zusammen mit Franz, der in all der Zeit mein bester Freund und Vertrauter geworden ist. Zusammen kontrollieren wir alles: die

Temperatur, die Luftfeuchtigkeit, die Versorgung, die Pflanzen und die Luftzufuhr und Luftabfuhr, alles, was eben nötig ist für eine gute Zucht. Wie sich herausstellt, ist dieser Henk nicht nur spielsüchtig, sondern auch sexsüchtig. Bei ihm dreht sich alles um Frauen und Ficken. Henk gibt wirklich ein verdrecktes, schwächliches Bild von einem Mann ab, aber naja, sagen wir mal auf jeden Topf passt ein Deckel. Nach ungefähr vier Wochen lerne ich seine Tochter kennen. Ebenso wie Henk sieht sie ungewaschen aus. Sie kleidet sich wie eine Hure und es scheint, als ob sie in ihrem Alter schon mehr in ihrer Muschi gehabt haben könnte, als Nieten an einer Stahlbrücke befestigt sind. Sie tanzt ständig aus der Reihe. Später erfuhr ich, dass sie sogar von ihrem Stiefbruder vergewaltigt wurde.

Das Kind ist kaum siebzehn Jahre jung, geht nicht mehr zur Schule und schlägt die Zeit mit Kiffen in Coffeeshops tot. Jetzt schon absolut abgebrannt. Bei einem Preis von fünfzehn Gulden pro anderthalb Gramm ist das ein teures Unterfangen für das Mädel. Ich wäre auch nicht überrascht, wenn sie sich in der Horizontalen über Wasser hält, um sich ihr Gras finanzieren zu können.

Zwei Mal in der Woche fahre ich tagsüber mit Franz zu Henks Dachboden um das Wasserfass zu füllen, denn der Nachbar ist dann bei der Arbeit. Eines Tages fahren wir zu Henks Haus um unsere Arbeiten zu verrichten. Ich öffne die Tür und rufe so wie immer: „Hallo, Hallo!" Genauso als würde man bei anderen Menschen zu Besuch kommen. Keiner antwortet. Also gehen wir nach oben. Im Flur steht die Tür von Henks Schlafzimmer einen Spalt offen und ich sehe, dass jemand im Bett liegt, aber von Henk ist weit und breit nichts zu sehen.
Oh nein, jemand Fremdes, spukt es mir durch den Kopf. Hoffentlich hat der keine Ahnung von unseren Machenschaften oder ist zufällig auf dem Dachboden gewesen, man kann nie wissen. Inzwischen öffnen Franz und ich die Tür noch ein Stückchen und sagen nochmals: „Hallo, Halloooo….!" Wir bekommen keine Antwort, obwohl wir ganz deutlich sehen, dass dort jemand im Bett liegt, mit knallroten Haaren. Franz ruft noch ein Mal, aber keine Reaktion. Franz betritt daraufhin sehr langsam das Schlafzimmer und schleicht sich zum Bett. Ich folge ihm. Irgendwie ist man ja doch in einem fremden Haus.

Franz steht vor dem Bett, zieht die Decke langsam zur Seite und was sehen wir? Eine aufblasbare Puppe liegt im Bett. So eine mit einem großen, runden Mund zum Schwanz lutschen und mit weit gespreizten Beinen. Bei diesem Anblick brechen wir beide in Lachen aus. Wir können uns nicht mehr beruhigen. Als ich wieder Luft kriege, sage ich zu Franz: „Das musst du dir anschauen. Meiner Meinung nach hat sich Henk vor nicht allzu langer Zeit noch an ihr ausgetobt. Sie ist immer noch ganz rot." Wir decken sie wieder ordentlich zu und gehen nach oben. Die Hanfpflanzen sehen gut aus. Schön grün und gesund. Das läuft also alles rund. Später, als wir Witze darüber reißen, taufen wir Henks Plastik- Schatz Uschi. Uschi mit der roten Muschi!

6 Lügen haben kurze Beine

Nach zehn Monaten hat Henk eine neue Freundin. Tanja und Uschi haben wir nicht mehr gesehen. Im Gegensatz zu Uschi ist sie aber aus Fleisch und Blut. Sie ist fünfundzwanzig und Franz und ich glauben, dass sie geistig behindert ist. Die Art und Weise, wie sie spricht läuft und mit Henk umgeht, passt irgendwie nicht, aber Henk ist sexsüchtig und sie hat eine Muschi an der sich Henk besser austoben kann, als an der von Uschi. Verrückt nach Sex und geistig nicht auf der Höhe. Das macht sich dann auch gut bei Henk bemerkbar. Er spricht nur noch über Ficken, Bumsen und darüber, dass sie so eine enge Fotze hat.

Henk ruft mich an. Ob ich Zeit habe für eine Tasse Kaffee, am liebsten bei ihm zu Hause und noch heute Abend.
Also sitzen wir da mit Henk und seiner Tanja am Küchentisch. Sie kann putzen, denn diesmal trinken wir wirklich Kaffee, denn seit Tanja hier ist die Bude sauberer geworden ist. Den Kaffee, den sie aufgesetzt hat, kann man zwar nicht trinken, aber wir wollen unsere Gastgeber nicht vor den Kopf stoßen.
Henk beginnt mit dem Gespräch: „Wir möchten aussteigen, Tanja und ich wollen ein Baby!" Ich kippe fast vom Stuhl. Ein Kind? Die Beiden? Sie können sich noch nicht einmal um sich selbst kümmern, geschweige denn um ein Kind und wenn ich mir Henks süchtige Tochter noch anschaue, fällt mir nichts mehr dazu ein. Sie wollen den Dachboden als Schlafzimmer nutzen.
„Okay", sage ich, „kein Problem, Henk. Ich habe immer gesagt, dass wir aufhören, wenn du das nicht mehr willst. Wir räumen alles ordentlich auf und dann trennen sich unsere Wege. Das ist gar kein Problem. Du bist zu nichts verpflichtet, Henk."
So einigen wir uns.
Schade, fast ein ganzes Jahr waren wir dort und hatten keinerlei Probleme, aber alles hat irgendwann ein Ende. Wenn wir bald geerntet haben, meldet sich wieder ein anderer Henk, der Bargeld braucht und wir finden wieder einen geeigneten Ort.

Franz und ich fahren nach Hause und besprechen, wie wir nach Ernte den ganzen Kram am besten aufräumen können.

Ein paar Tage später fülle ich das Wasserfass bei Henk. Ich komme herein und sehe, dass seine süchtige Tochter auch zu Hause ist. Sie folgt mir wie eine läufige Hündin auf den Dachboden. Komisch eigentlich, denn es kommt nie jemand mit, das hatten wir so abgesprochen. Ich öffne die Luke und sehe, dass die Pflanzen reif genug sind. Das ist auch Henks Tochter klar und sie linst neugierig auf den Dachboden. Ich schließe die Luke wieder und sie fragt: „Sind sie bald reif?"
Nichts ahnend antworte ich ihr: „Sag deinem Vater, dass wir in zwei Tagen ernten werden und dass wir danach alles wieder sauber machen, okay?" „Mach ich", sagt sie.
Das Gras sieht gut aus angesichts der Art und des Umfangs der Knospen, sollte es mal wieder eine gute Ernte geben.

Am nächsten Tag ruft mich meine Lukenspäherin an und ich habe ein schluchzendes Mädchen am Telefon.
„Hallo", sagt sie schniefend, „bei uns wurde heute Morgen eingebrochen. Du musst sofort vorbeikommen."
Ich flippe total aus, steige in mein Auto und habe sofort das Gefühl, dass da mehr dahinter steckt. „Ich bin in zwei Stunden da." Das sage ich ihr noch, bevor ich losfahre.
Ich denke eingebrochen, okay, dann sind meine Pflanzen sicher schon gelesen. Nach einer nicht ganz so gemütlichen Autofahrt komme ich herein. Anita steht in der Küche und ist am Heulen. Ich gehe direkt nach oben und bin entsetzt. Alles, aber auch wirklich alles ist weg. Der Dachboden ist komplett leer. Die Töpfe mit den Pflanzen, die Filter, die Lampen, die Absauggeräte, Kabel, alles. Nur das große Wasserfass steht noch dort. Ich habe hier vier Wochen lang gearbeitet, zu zweit, und die Einbrecher räumen in ein paar Stunden alles aus? Der Einbruch muss irgendwann zwischen fünf und zehn Uhr morgens passiert sein, denkt Anita. „Mein Vater war total neben der Spur", jault sie. „Naja, sag deinem Vater, dass ich kein Mongo bin und dass das nicht sein kann. Ich komme heute Abend wieder vorbei!"
Ich fahre nach Hause. Junge, Junge, alles ist weg. Die Lampen, die Töpfe, der ganze verdammte Kram ist einfach weg! Futsch!
Ich fahre zu Franz und erzähle ihm, was los ist.
„Das stinkt zum Himmel", sagt er.

„Allerdings", sage ich, „und wir werden Herrn Henk, seiner geilen Muschi und seiner bescheuerten Tochter heute Abend noch einen Besuch abstatten. Mal sehen, was da wirklich abgeht."

Abends gehe ich zu Henk. Mit Hilfe des Schlüssels, den ich noch habe, gehe ich rein. Sie sitzen zu dritt und schauen uns ziemlich verdutzt an. So wie Tick, Trick und Track, wie ein Haufen Idioten, die angeblich die Opfer eines brutalen Einbruchs sein sollen.
Henk ist ziemlich nervös. Seine neue Freundin starrt vor sich hin und seine Tochter Anita steht auf und verlässt das Zimmer.
„Wo gehst du hin?", frage ich sie.
„In die Küche, um etwas zu trinken zu holen", sagt sie und fügt noch fix hinzu: „Was dich übrigens einen Scheißdreck angeht."
Sie hat den Ton angegeben. Ich erkläre Henk in aller Ruhe, dass das so nicht geht, während ich innerlich koche vor Wut. Vor allem, wenn man bedenkt, dass ich ihm wörtlich und bildlich aus der Scheiße geholfen habe. „Das geht so nicht, Henk. Das stinkt hier doch zum Himmel!" Er ist immer noch nervös und glotzt seltsam vor sich hin und beteuert immer wieder, dass er nichts, aber auch rein gar nichts mit der Sache zu tun hat. Dass er keine Ahnung hat, wie das passieren konnte.
„Okay", sage ich. „Denk mal eine Woche darüber nach und dann komme ich nochmal wieder, aber dann nicht mehr als Freund, verstehst du, Henk? Ich bin nicht blöd, mein Freund."
Ich kann mich noch beherrschen und will ihm mit dieser Ansage ein wenig Beine machen. Lass ihn mal eine Woche schmoren. Vielleicht rückt er dann mit der Sprache raus und erzählt, was wirklich los ist.

Ich finde es einfach nicht schön, verarscht zu werden und noch dazu von diesen Vollidioten.
Ich denke darüber nach, wie ich hinter die Wahrheit komme.
Ich muss wissen, wo meine Sachen geblieben sind und mein Gras natürlich. Ich will wissen, wer das getan hat. Ich bin nicht in Panik geraten. Wenn ich beschissen oder bedroht werde, gebe ich doch nicht klein bei und erst recht nicht bei diesen Bankdrückern, denen ich jetzt gegenüberstehe. Durch solche Sachen passieren ab und zu unheimliche Dinge in unserem Business.

Um dahinter zu kommen, ob Henk oder seine Tochter mich betrügen, stelle ich ihnen eine Falle. Ich bitte einen Freund, Henk nächste Woche Dienstag um genau sieben Uhr anzurufen. Dann ist die Woche „Bedenkzeit" für Henk und seine Tochter abgelaufen und ich bin bei Henk. Ich sage, er müsse nach Anita fragen. Er muss Anita telefonisch wissen lassen, dass alles gut ist und dass sie morgen ihr Geld bekommt.

Franz kommt natürlich auch mit und gegen Viertel vor sieben, stecken wir den Schlüssel in Henks Haustür und öffnen sie. Anstandshalber klingeln wir aber vorher.
Einmal im Haus stellt sich heraus, dass alle drei da sind. Henk, sein lebendes Bettspielzeug, mit dem er ein Kind haben will und seine Junkie Tochter.
Anita stinkt nach Gras. Sie sieht übel und verwirrt aus. Bei Kiffern weiß man nie, wie der Gemützustand ist und sicherlich nicht wenn sie so viel kiffen wie Anita. Dann scheint es, als ob sie den ganzen Tag auf einem anderen Planeten sind. Franz nimmt auch auf der Bank Platz, zwischen Henk und der werdenden Mutter, als Henk sein Bestes gibt.
Der Vater von Franz geht gerne mal jagen und stellt ab und zu Fallen in einem Feld auf, um einen leckeren Hasen oder ein Kaninchen zu fangen. Diese Naturburschen haben immer ein rasierklingenscharfes Messer dabei, um die Schlinge zu kappen, wenn die Falle zugeschnappt hat. Solch ein Messer heißt in Brabant „kniep" und Franz hat auch so eins. Kokser haben auch oft eins, um den Stoff zu panschen.
Franz sitzt zwischen ihnen und holt sein Messer aus der Tasche, klappt es auf und spielt damit rum. Henk sieht zu Franz und dem Messer, wird leichenblass und sagt: „Ich weiß nichts, wirklich nicht Franz, ich schwöre es, ich habe damit nichts zu tun."
Anita sitzt am Esstisch, zieht gierig an ihrem Joint und ihre Augen wandern hin und her. „Ich kriege dreißig Riesen von dir Henk, die Kosten für alle Sachen will ich von dir zurück und mein Gras." Henk sagt im ersten Moment nichts und schaut ängstlich zu dem Messer, das Franz inzwischen demonstrativ vor sich auf den Tisch gelegt hat.
„So ist das", sagt Franz, „dreißig Riesen." Er nimmt das Messer vom Tisch, nimmt ein Blättchen aus seiner Tabaktasche, legt es auf den Tisch und schneidet es in der Mitte durch. Während er das tut, sagt er zu Henk: „Scharf, oder?"

Bevor Henk antworten kann, klingelt das Telefon. Es ist Punkt sieben Uhr. Henk sagt Anita solle ans Telefon gehen, aber Anita schnauzt ihren Vater an: „Geh doch selbst, alter Sack." Henk steht auf, schaut noch eben zu Franz und dem Messer hinüber und geht zum Telefon, das auf dem Fernsehtisch gegenüber der Bank steht. Es ist mucksmäuschenstill und während er abnimmt, sieht er erst zu Franz, danach zu Anita und ich konzentriere mich auf Henks Reaktion. Durch das Telefon höre ich meinen Freund sagen: „Ist Anita zu Hause?"

Daraufhin antwortet Henk: „Ja, einen Augenblick."

Er legt den Hörer neben das Telefon und sagt zu Anita: „Für dich!"

„Wer ist das?", fragt Anita.

„Das weiß ich nicht. Er hat seinen Namen nicht gesagt."

Anita steht auf, kramt nach dem Hörer, nimmt ab und sagt: „Hallo, hier ist Anita." Aus dem Telefon höre ich meinen Freund sagen: „Alles ist glatt gelaufen. Du kannst morgen vorbeikommen, um dein Geld zu holen."

Anita dreht uns ihren Rücken zu, sodass wir ihr Gesicht nicht sehen können und sagt meinem Freund: „Okay. Danke." Sie legt auf und geht in die Küche. Ich gehe ihr nach, packe sie am Arm und setze sie auf die Bank und frage: „Wer war das?"

„Oh, das war Pablo, mein Homo Freund aus dem Coffeeshop, er will sich bei mir ausheulen, weil sein Freund mit ihm Schluss gemacht hat."

„Oh", sage ich im ersten Moment ganz ruhig. „Pablo… jaja dein Tunten Freund." Mittlerweile laufe ich im Wohnzimmer unruhig auf und ab. Henk ist inzwischen leichenblass und sagt: „Schau in die Küche. Da liegt noch die Scherben des Fensters, das sie eingeschlagen haben."

Ich packe Henk, nehme ihn mit in die Küche und sage: „Ja ja, die Einbrecher laufen über deinen Hof zur Hintertür, gehen glücklich an deinem bellenden Deutschen Schäferhund vorbei, der dort immer liegt und am Kläffen ist, schlagen ein Fenster ein und da ist keiner, der etwas hört oder sieht und dein großer bellender Hund bleibt einfach liegen, wo das verdammte Mistvieh jetzt schon lauthals kläfft während ich hier mit dir stehe, du dreckiger Betrüger."

Ich nehme ihn mit zurück ins Wohnzimmer und sage: „Und jetzt will ich es wissen." Franz steht ebenfalls auf und hat das Messer in seiner Hand.

Anita läuft in die Küche und ich mahne sie: „Komm her!"

Ich raste fast aus vor Wut, aber ich bleibe ruhig, da die beiden immer noch ihre Fresse halten und Henks Geliebte völlig sinnlos danebensitzt. Anita wird immer nervöser.

Ich wende mich Anita zu und sage: „Weißt du, was wir jetzt machen? Wir werden deinen Homo Freund jetzt mal aufsuchen, mal sehen, wie groß sein Liebeskummer ist."

„Der ist jetzt nicht da", sagt Anita.

„Nee", sage ich, „der, den du gerade am Telefon hattest, war kein trauriger Homo, sondern mein Kumpel, der dir erzählt hat, dass du morgen deine Kohle abholen kannst. Du lügst, dass sich die Balken biegen, dreckiger, ekliger Junkie."

Anita geht in die Küche und ich sage zu Henk: „Siehst du es jetzt Henk, deine eigene Tochter hat dich beschissen. Schön, oder?"

Während ich das zu Henk sage, kommt Anita mit einem stabilen Küchenmesser zurück. Sie zieht eine Fratze wie Rambo. Sie läuft auf Franz zu und schneidet sich vor unseren Augen die Pulsadern auf.

„What the fuck?!", schreie ich.

Franz wird kreidebleich und stammelt: „Und jetzt und jetzt…"

Anita schreit zurück: „Mafia seid ihr, die Mafia. Ich fühle mich bedroht von euch. Hilfe! Hilfe!"

Ich flippe völlig aus, und bevor ich es realisiere, stehe ich auf, bleibe vor Anita stehen und schreie: „Du musst tiefer schneiden, mieser Junkie, du dreckige Hure!" Ich war fuchsteufelswild. Was für eine verfluchte Scheiße!

„Ruf den Arzt, verdammt!", schreie ich Henk an, der immer noch regungslos auf der Bank sitzt. Seine Zukünftige fängt an zu heulen und zu schreien und Franz hat Anita aufgefangen, bevor sie umkippt.

Da liegt sie nun auf dem Boden in ihrem eigenen Blut. Was hier wieder abgeht … Henk hat den Arzt gerufen und ich sage zu Henk: „Wir sind noch nicht fertig mit dir." Danach verschwinden Franz und ich, wie zwei Windhunde.

Die Klamotten von Franz sind voller Blut. Ich sage im Auto zu ihm: „Ein ganzes Jahr lang ist alles so gut gelaufen. Echt perfekt. Wir haben alle gut verdient und jetzt so etwas. Was für ein Haufen Idioten. Verdammt noch mal, was für ein Genörgel." Ich fahre zu einem Kumpel von mir, der im Textilgeschäft ist, denn mit den Klamotten voller Blut kann Franz nicht nach Hause kommen.

Franz zittert und ist völlig fertig und auch an mir geht das alles nicht spurlos vorbei. Wir sind keine gewalttätigen Kerle, wenn es nicht nötig ist und wir tun eigentlich keiner Fliege was zuleide. Wir stehen beide unter Schock. Es ist schon ziemlich heftig, wenn sich so etwas vor den eigenen Augen abspielt.

Später hörten wir, dass Anita regelmäßig solche Scherze auf Lager hat. Noch keine Achtzehn und jetzt schon vollkommen im Arsch. Das hat uns nicht kalt gelassen. Wir haben Henk nie wieder gesehen. Wir sind nie mehr zu ihm gefahren und haben die dreißig Riesen abgeschrieben. Wir hatten Mitleid mit ihm, mit seiner Tochter und der ganzen Situation.

Einige Wochen später sind wir Mal durch seine Straße gefahren. Zu unserer großen Überraschung sahen wir, dass das gesamte Haus mit nigelnagelneuen Rollläden ausgestattet war. Selbst das Klofenster. Ich komme jetzt natürlich auch mit dem Schlüssel nicht mehr in die Wohnung, aber ich bin damit durch. Trotzdem will ich meinem Ärger noch ein wenig Luft machen, durch Henk ab und zu ein wenig Angst einzujagen.
Zwei Wochen später, als alles ruhig ist und der Alltag wieder eingekehrt ist und ich den Verlust von dreißig Riesen bei Henk schlucken musste, bin ich mit meiner Frau in Scheveningen. Eine unbekannte Nummer ruft mich an. Meistens sind das Callcenter, die versuchen einem etwas anzudrehen oder Leute, die nicht so stark sind, wie sie sein möchten. Ich nehme ab und höre eine tiefe Stimme „Hallo" sagen und direkt darauf sagt er: „Lass Henk in Ruhe. Du hast Glück, denn ich stehe bei dir vor der Tür, aber wie ich sehe, bist du nicht da."
„Okay", sage ich, „also du stehst bei mir vor der Tür wegen eines geschäftlichen Konflikts und jetzt kommst du zu meiner Privatadresse, um mich zu bedrohen? Also. Hör zu, ich weiß nicht, wer du bist oder was du willst, aber du hast heute Glück. Ich bin in Den Haag, aber ich setze mich jetzt in mein Auto (ich hatte immer noch meinen Mercedes S-Klasse) und bin in einer Stunde zu Hause. Wenn du doch so stark bist, musst du auf mich warten, mein Freund, dann können wir das sofort miteinander klären. Gut? Bis gleich. Man sieht sich." Ich fliege ungelogen mit zweihundert Kilometern die Stunde nach Hause. Meine Frau bleibt zum Glück wie immer entspannt. Und wir können uns immer auf ungefähr fünfzehn gute Freunde verlassen. Wir bilden eine Gruppe, zusammen sind wir stark.

Als wir noch ungefähr zehn Minuten von zu Hause entfernt sind, ruft der Kerl wieder an und sagt: „Ich muss jetzt gehen. Ich komme diese Woche wieder."

„Was?", sage ich, „Trottel, warte eben, Idiot. Ich bin sofort da! Noch zehn Minuten."

„Nein, ich habe keine Zeit mehr, bis dann!", höre ich noch. Das war das erste und letzte Telefonat und ich habe nie wieder jemanden an meiner Tür gesehen. Henk habe ich auch in Ruhe gelassen. Seine Tanja ist inzwischen schwanger geworden und Anita hat sich wieder erholt und war wieder fleißig am Kiffen. Aber dieses Mal von meinem Geld!

7 Schniefen, Saufen, Feiern

Alkohol vernebelt den Verstand und verschlechtert das Denkvermögen.

Ich bin echt gut geworden im Züchten von Gras. Mir ist aufgefallen, dass die Leute in meinem Umfeld immer mit Geldproblemen zu kämpfen haben. Entweder sie leben einfach drauf los, schmeißen das Geld mit beiden Händen zum Fenster raus, oder sie sind wie die Raupe Nimmersatt, diese habgierigen Pappenheimer. Aber gerade weil sie nie mit ihrem Geld auskommen, gibt es mir die Möglichkeit, da etwas rauszuschlagen. Als Strohmann, als Standortverwalter oder was auch immer. Was des einen Leid, ist des anderen Freud. Je tiefer jemand in der Scheiße sitzt, desto mehr Möglichkeiten ergeben sich für jemand anderen.

Schließlich begegne ich wieder einem anderen „guten Freund" aus der Szene und wir gehen zusammen feiern. Dennis heißt er. Er ist ein cooler Typ, tut keiner Fliege was zuleide, hat eine große Klappe, aber ein kleines Herz und wie so oft, fehlt auch ihm das Geld.
Wir gehen nach Eindhoven. In der Kneipe erzählt Dennis mir, dass er mit Geldproblemen zu kämpfen hat. Er will etwas auf seinem Dachboden machen. Er wohnt alleine in einem großen Haus.
„Ich helfe dir eine Lösung zu finden, aber jetzt habe ich keine Zeit und keine Lust, um darüber zu quatschen. Ich komme morgen bei dir vorbei."
„Super", sagt Dennis.

Wie abgemacht, schaue ich bei ihm vorbei.
„Komm rein", sagt er.
Wir gehen sofort nach oben. Es ist ein schöner Dachboden und groß genug. Auch das ist ein Eckhaus. Also haben wir nur auf einer Seite Nachbarn. Allerdings gibt es da ein kleines Problem. Dennis ist tricky, weil er raucht, kokst und säuft. Im Grunde ist er wie ein Fähnchen im Wind, aber ich will einen Versuch mit ihm

wagen. Sein Schnupfkonsum verschlingt viel Kohle, und wenn er das nicht mehr bräuchte, könnte ich seinen Dachboden nicht mehr nutzen. Aber vorläufig gehe ich, so gutgläubig wie ich bin, davon aus, dass er mich nicht verarschen wird.

Ich beschließe seinen Dachboden so einzurichten, wie eine richtige Hanfplantage. Bleibt zu hoffen, dass Dennis bis nach der ersten Ernte bei Verstand bleibt. Vier Wochen lang bauen Dennis und ich und am Ende steht eine unglaubliche Plantage.

Nach zehn Wochen ist Kassensturz und Dennis hat trotz seines Konsums keinen Unfug getrieben. Nachdem wir die Investitionen verrechnet haben, bleiben für jeden von uns dreitausend Gulden übrig. Angesichts des Gewinns haben wir direkt weiter gemacht. Neue Chance, neues Glück …!

Aber mein Vertrauen in Dennis währt nur kurz. Wir haben beinahe die zweite Runde am Laufen, als ich in der Kneipe von einem gewissen Paul angesprochen werde: „Schöne Plantage hast du da bei Dennis."

Da haben wir´s. Wenn jeder Vollidiot in dieser Kneipe weiß, dass Dennis sein Koksen durch die Ausbeute auf seinem Dachboden finanziert! Dieser Paul erzählt, dass er drei Tage zuvor bei Dennis in meiner Plantage war. „Was wird das denn jetzt", denke ich, „organisiert der Trottel jetzt Tage der offenen Tür?" Ich fasse nicht, was ich da höre. Paul erzählt, dass Dennis stoned in der Kneipe saß, mit Geld um sich schmiss und eine Runde nach der anderen gab. Nachdem er mit Paul zwei Gramm gekokst hatte und den Umsatz den Umsatz gesteigert hatte, lud er ihn ein, sich den Dachboden anzusehen.

„Ich wollte doch nur, dass du das weißt, Kumpel! Obacht also", sagt er.

„Okay, danke für den Tipp", sage ich und auf einmal bin ich sein Kumpel, sonst hätte er mich anders angesprochen. Er ist zwar noch nicht lange mein Kumpel, aber ich war ihm sehr dankbar für die Information.

Ich gehe raus und rufe die Pissnelke Dennis an.

„Hallo", sagt Dennis und an seiner Stimme höre ich, dass das Koks und das Bavaria noch in seinen Knochen stecken. Die drei Riesen, die von der ersten Ernte übrig waren, hat er in weniger als einer Woche verpulvert. Bevor ich etwas sagen kann, sagt er: „Hast du einen Vorschuss für mich, denn die Kohle ist schon für den Shit draufgegangen und ohne Shit, krieg ich das hier nicht auf die Reihe."

Ich bin perplex. Der Kerl will jetzt schon, vor der Ernte, seinen Anteil haben! Ich werde wütend und sage: „Hör zu, Mr. Junkie, du bekommst gar nichts, erst ernten, dann kassieren verstanden? Und wage es nicht, dir noch ein Mal in der Bar das Maul zu zerreißen über die tollen Sachen auf dem Dachboden."
„Okay, okay Mann, ich hab´s verstanden. Safety first you know." Und er legt auf.

Zwei Mal in der Woche, kontrolliere ich den Kram, bewässere die Pflanzen und Dennis gammelt entweder in seinem Zimmer herum oder er liegt betrunken und völlig zugedröhnt auf der Couch. Ab und zu liegt ein dreckiges Flittchen neben ihm, die ihm nicht nur den Schwanz leersaugt, sondern vor allem sein Portemonnaie. Und es ist immer eine Junkie- Hure.
Inzwischen sind sieben Wochen vergangen und es ist Zeit zu ernten. Am Samstagabend werden wir die Pflanzen zuschneiden, das Team dafür haben wir, so wie immer, schon geregelt.
Im Laufe der Zeit konnte ich ein festes Team dafür engagieren. Meistens tadellose alleinerziehende Sozialhilfeempfängerinnen, die mit dem Arbeitslosengeld nicht auskommen und meist auch Frauen, die mit ihren Kindern sitzen gelassen wurden. Solche Kerle haben nicht die Eier in der Hose, um für ihre eigenen Kinder Alimente zu zahlen. Und wenn sie doch Geld haben, sorgen sie dafür, dass sie nichts mehr haben, damit sie nicht zur Rechenschaft gezogen werden können.
Am Anfang war die Sache mit dem Zurechtschneiden ein großes Durcheinander, es wurde gekifft, gesoffen und gehurt, aber ich habe es effizienter gemacht. Nix mehr mit schnupfen, rauchen oder saufen. Wenn die Ernte so groß ist, dass es ungefähr acht Stunden dauert, wird man von der Luft sowieso schon gratis stoned.
Ich gehe auf den Dachboden um das Hanf abzumachen und es dorthin zu bringen, wo es zugeschnitten wird. Ich komme herein und sehe, dass jemand anderes schon alle Wipfel geerntet hat! Und die Wipfel werfen das Meiste ab, weil sie am schwersten sind. Ich weiß nicht, wie ich das geschafft habe. In all den Jahren, in denen ich jetzt im Geschäft bin, habe ich schon einiges mitgemacht, aber das übertrifft mal wieder alles. Und das auch noch bei einem guten Kumpel. Ich poltere in fünf Schritten die Treppe hinunter Richtung Wohnzimmer, wo Dennis, so wie üblich, auf der Couch sitzt und kifft, ich reiße ihn hoch und

sage: „Komm mal mit nach oben und schau dir das an, fauler Wichser." Ich trete ihn fast bis auf den Dachboden.

Einmal auf dem Dachboden, konfrontiere ich Dennis mit meinen leeren Wipfeln. Er guckt und sagt: „Was soll das denn jetzt? Davon weiß ich wirklich nichts. Ich war das nicht!"

„Nein, natürlich weißt du das nicht! Schneewittchen und die sieben Zwerge hatten Lust auf einen frischen Joint, dreckiger Schmierlappen!"

Wie bei einem kleinen Kind, packe ich sein Ohr und drehe und beiße daran. Ich sage: „Dennis, weißt du, was wir machen, ich habe allmählich die Schnauze voll von dir. Wir bringen die Ernte zu Ende, verkaufen das Gras und dann bist du der neue Eigentümer der Plantage auf deinem Dachboden. Du gibst mir fünfzehntausend Gulden aus dem Gewinn der nächsten Ernte und dann sind wir fertig miteinander!"

„ja, ja, okay, Mann. Fünfzehntausend Gulden und ich mache es selber, aber lass mein Ohr los, Mann!"

Ich lasse sein Ohr los und als ob nichts gewesen wäre, gehen wir zusammen die Treppen runter. Inzwischen ist eins der Flittchen wieder hier. „Heute Abend nicht", sagt Dennis zu ihr, „komm gegen zwölf noch ein Mal wieder. Aber bring dein eigenes Zeug mit, ich hab nichts mehr."

Das Mädel sieht ihn angepisst an und sagt: „Fall doch tot um, Arschloch. Ich lass mich doch von dir nicht flach legen, wenn ich auch noch mein eigenes Zeug mitbringen muss." Sie knallt die Tür zu und geht. Scheiße, denke ich. Er hat meine Wipfel benutzt, um mit der Hure jedes Mal eine Party zu schmeißen.

Zehn Wochen später soll Dennis mir die fünfzehntausend Gulden bezahlen. Er hat es gut hinbekommen, habe ich von meinem Informanten Paul aus der Bar, gehört und er hat in den letzten zehn Wochen mindestens mit zehn Leuten gesprochen, die über seine Machenschaften auf dem Dachboden Bescheid wussten.

Es ist Zahltag und Dennis ist unauffindbar, spurlos verschwunden. Später kommt mir zu Ohren, dass er mal eben für zwei Wochen in Belgien feiern war, in der Diskothek La Rocca, in dem Örtchen Lier, ein Lokal, wo viele vermögende Landsmänner zusammenkommen um ihr hart verdientes Geld auf den Kopf zu hauen.

Zwei Wochen später klingelt das Telefon. Dennis ist dran. Ob ich Zeit habe, um zu quatschen. „Erst die Kohle", sage ich zu ihm, darauf antwortet er: „Ja, ja, kriegst du, kriegst du. Es wird alles gut, glaub mir Mann, aber jetzt komm erst mal her, ich will eben mit dir reden."

Keine Kohle aber ein Haufen Gelaber. Was ich auch tue, mein Geld hat er schon wieder in Koks und andere für ihn lebenswichtige Leckereien investiert. Ich bin durch mit ihm. Es ist sinnlos, sich um etwas zu bemühen, das zum Scheitern verurteilt ist. Ich habe meinen Verlust hingenommen und den armen Tropf ansonsten in Ruhe gelassen.

8 Always friends

Ich gehe in die Kneipe, in der Dennis mein Geld auf den Kopf gehauen hat, und werde von einem gewissen Ruud angesprochen. „Ich weiß zufällig, dass Dennis dir Geld schuldet. Viel Geld." Er schaut sich ein wenig schüchtern um.
Ruud sieht aus wie ein unsicherer Buchhalter, nicht geliebt von den Frauen und zu geizig um auch nur ein Bier auszugeben. Er ist ein stiller Typ, redet nicht viel und ist in sich gekehrt. Aber wenn er etwas sagt, kommt meistens etwas Sinnvolles raus. Er wohnt alleine und zurückgezogen. Kein Mann aus dieser Zeit, ein Sonderling. Aber ich finde das gut. Bei Ruud sitzen auch keine Flittchen auf der Couch, sondern die Volkskrant und der NRC liegen auf dem Tisch.
Ich schau ihn an und sage: „Ja, das stimmt, fünfzehntausend Gulden, ziemlich viel. Warum?"
„Naja", sagt er „auf meinem Dachboden baue ich zusammen mit Dennis Gras an. Aber es ist noch nie gut gegangen. Ich kriege kein Geld, er hält sich nicht an Absprachen, vögelt sich das Hirn raus mit dieser Junkiehure, die hier ständig rumläuft und bezahlt sie in natura. Sie den Stoff und er den Fick." Während er erzählt, verzieht er das Gesicht. Es scheint, als ob er auf der Stelle davon würgt.
Ruud erzählt mir außerdem, dass er Angst vor Dennis hat und sich nicht traut ihn aus dem Haus zu schmeißen.
Ich falle ihm ins Wort: „Dafür habe ich aber eine Lösung. Von jetzt an bin ich dein Kompagnon und nicht Dennis. So verrechne ich die Schulden, die Dennis bei mir hat. Du bekommst einfach deinen Anteil von jeder Ernte. (Später hat sich herausgestellt, dass das ungefähr viertausend Gulden pro Ernte sind.) Du brauchst nichts zu machen, ich kümmer mich um alles und ich rufe Dennis an, um ihm zu sagen, dass ich ihn nicht mehr in deiner Straße sehen will, ganz zu schweigen davon bei dir vor der Tür. Okay? Morgen komme ich eben vorbei, um nach deiner Plantage zu sehen und wenn ich es gut finde, starten wir durch!"
„Einverstanden", sagt er und auf seinem Gesicht zeichnet sich ein breites Lächeln ab.

Am nächsten Tag gehe ich sofort zu Ruud. Ein Mal auf dem Dachboden, sehe ich ein wunderbares Beet, herrlich gefüllt mit ungefähr dreihundert Pflanzen und wirft rund vierzigtausend Gulden pro Jahr ab. „Das bringt dir zwanzigtausend Riesen pro Jahr!" Ruud guckt mich an, als ob er im Lotto gewonnen hätte. „Möchtest du einen Kaffee?", fragt er. „Nein, danke, ich muss gleich weiter. Stress." Und ich gehe.

Es ist ein top Jahr mit Ruud. Keine Probleme, alles ist wunderbar und ein Jahr lang haben wir gut zusammengearbeitet.

So wie jeden Morgen, lese ich die Zeitung und während ich das tue, ruft Franz an: „Hast du es schon gehört? Ruud ist tot?"
„Tot?", frage ich ungläubig, denn vor drei Tagen, habe ich mich noch um die Wasserversorgung auf dem Dachboden gekümmert. Während ich das frage, blättere ich eine Seite weiter und sehe eine Traueranzeige.
„Er hat sich erhängt", spricht Franz weiter.
„Wo? Aber doch nicht in seinem eigenen Haus, denn wenn die Bullen kommen, kann ich meine Ware schon wieder abschreiben?"
Es nimmt mich wirklich ziemlich mit. Er war ein guter Kerl und einer der wenigen, der sich immer an Verabredungen gehalten hat.

Franz und ich haben einen riesigen Trauerkranz gekauft und sind zu seiner Beerdigung gegangen. Auf das Trauerband haben wir *Always friends* schreiben lassen, natürlich ohne unsere eigenen Namen, aber mit einem Hanfpflänzchen darauf. Es ist ein trauriger Tag für seine Familie, aber auch für uns. Franz und ich gehen nicht zum Kaffee nach der Beerdigung. Wir sind auch nicht eingeladen, aber wir wollen auch nicht. Wir gehen zusammen einen trinken. Die Pflanzen bei Ruud standen dort gerade mal eine Woche, aber dass wir die verloren haben, war nichts gegen den Verlust von Ruud. Wir haben auch kein Wort darüber verloren, dass die Pflanzen dort immer noch stehen.

Später hörten wir, dass die Polizei am Nachmittag des Selbstmordes, auch sofort die Plantage auf dem Dachboden gefunden und den Dachboden direkt ausgeräumt hat.

9 Seltsame Gegenden

Ich konnte durch die Ernten mit Ruud alle Schulden verrechnen, die Dennis bei mir hatte. Auf Dennis konnte man sich nicht verlassen, es musste sein. Anders hätte ich mein Geld nie wieder zurückbekommen. NIE WIEDER. Die Freundschaft war zu der Zeit schon lange vorbei, aber es schmerzte mich natürlich, vor allem jetzt, da Ruud ausgefallen ist.

Ich hatte immer viel Spaß mit Dennis, denn wenn er Geld hatte, dann konnte er auch auf alles verzichten und teilte das, was er hatte mit anderen. Er war ein guter Kerl, mit sehr schlechten Angewohnheiten. Dennis war inzwischen umgezogen und ich habe ihn dann auch nie wieder gesehen.

Über einige Ecken hörte ich noch das ein oder andere, wie zum Beispiel, dass sie ihn „den Löcherbohrer" nannten.

Ein Löcherbohrer ist jemand, der meint zu wissen, wo die ganzen Plantagen stehen. Er bohrt dann ein kleines Loch, um nachzusehen, ob es auch so ist und um zu gucken, wie lang das Gras noch nötig hat, um zu reifen. Danach holt er dann kurz vor der Erntezeit, das ganze Zeug raus oder er lässt das andere erledigen. Ohne auch nur einen Cent zu investieren, lässt so einer die ganze Ware von einem anderen mitgehen.

Als ich hörte, dass das Dennis Einkommensquelle war, dachte ich: Junge, das geht nicht gut. Wenn man sowas tut, dann geht es frühzeitig mit einem zu Ende.

In den Niederlanden werden überall viele Verschläge ausgeraubt. Die Eigentümer haben viel Zeit und Geld in ihre Plantagen gesteckt und durch die Praktiken dieser Löcherbohrer, kommt es regelmäßig zu mysteriösen „Unfällen", die von einem netten, kleinen Überfall; bei dem man sich nur das Geld zurückholt; bis hin zu Mord reichen.

Dann liest man mal so eben im Teletext, dass ein 35- jähriger Mann niedergeschossen wurde und vor Ort seinen Verletzungen erlegen ist und dass von dem Täter jede Spur fehlt. Ein wenig später liest man dann in der Zeitung, dass jemand aus der Drogenszene mit ihm abrechnen wollte.

Und hast du schon das von Dennis gehört? Sie haben ihn heute Morgen erschossen", erzählt mir Franz an einem schlechten Tag am Telefon. Dennis hat ein Loch gebohrt und die Geschädigten, haben ihm eins durch sein Herz gebohrt. Das Ende der Geschichte für Dennis.

Dennis hatte immer überall Schulden. Zurückbezahlen war für ihn ein Fremdwort. Huren und Flittchen und sich Koks durch die Nase ziehen, haben ihm letzten Endes sprichwörtlich und bildlich den Kopf gekostet.

Über seinen Tod habe ich nicht viel nachgedacht, aber während seiner Einäscherung geht mir alles durch den Kopf. Die schönen Zeiten, die wir zusammen erlebt haben, aber ich denke auch an seine schlechten Eigenschaften und die haben letztlich dazu geführt, dass wir nun alleine hier im Krematorium sitzen.

10 Sensation

Wenn die Felder zu groß sind, dann schließt man Zusammenarbeit nicht aus. Die Investition ist für einen alleine zu groß, zusammen ist das machbar. Man investiert dann mit ein bis vier Leuten, um die Plantagen anzubauen und teilt dann die Beute. So etwas haben wir auch das ein oder andere Mal gemacht, ein „Dachbodenprojekt" auf einem Bauernhof. Dort ist Platz für dreitausend Pflanzen und ja, so viele stehen da jetzt auch drin!
Jemand aus unserem Umfeld, Edwin, hat mit dem Makler Kontakt aufgenommen. Auch im Maklergeschäft laufen Gauner herum und viele haben dann zumindest den Verdacht, dass es sich nicht um gewöhnliche Mieter handelt. Aber sie drücken dann einfach ein Auge zu und denken nur an die Kohle.
Unser Freund Edwin hat noch keine Freundin und wohnt noch bei seinen Eltern zu Hause, das hat er uns zumindest erzählt. Das ist gut, denn bei ihm ist nichts zu holen, falls es schief gehen sollte. Und er selbst, würde sich nur allzu gern, ein wenig was hinzuverdienen. Darum hat er uns angeboten den Mietvertrag auf seinen Namen laufen zu lassen. Wir haben uns um den Rest gekümmert und haben uns an die Arbeit gemacht.

Nach ungefähr sechs Wochen Arbeit ist die Plantage wieder fertig wir können die Stecklinge setzen. Es sieht wieder mal hervorragend aus und natürlich läuft auch hier wieder alles vollautomatisch. Ich finde allerdings, dass jemand darin wohnen sollte, um unser Kapital, das grüne Gold, zu bewachen. Meine Freunde sind meiner Meinung.
Ich frage meinen polnischen Freund, Piotr, ob er und seine Frau Dana gratis auf dem Bauernhof wohnen möchten.
„Wir haben aber einige Pflanzen auf dem Dachboden stehen", sage ich zu Piotr.
„Kein Problem. Danke für die Hilfe. Vielen Dank", sagt er.
Er arbeitet mit seiner Frau in den Niederlanden und sie sind abends immer zu Hause. Das trifft sich ganz gut. Es ist äußerst praktisch, wenn im Zuge der Sicherheit jemand in dem Haus

wohnt, in dem sich so eine große Hanfplantage befindet.
Dreitausend Pflanzen sind ziemlich viel.
Der Bauernhof steht auch noch mitten in einem Wohngebiet.
Zehn Meter weiter, haben wir Nachbarn. Nachbarn sind
grundsätzlich neugierig und wollen natürlich wissen, wer die
neuen Mieter sind. Wir müssen also sehr gut aufpassen!

Alles läuft rund und die Pflanzen sehen gut aus. Es wachsen dort
Wipfel, die so groß sind wie Medizinbälle. Ich habe Spaß daran.
Wenn die Sachen alle neu sind, holt man oft das Meiste raus. Ich
bin also gespannt, wie viel Geld wir damit verdienen. Ich kann
es kaum erwarten.

Die Plantage hat rund hunderttausend Gulden gekostet. Alles
inbegriffen: die Kaution, Miete, Strohmann, alle Sachen und so
weiter. Dem entsprechend schön ist es dann auch geworden.
Jeder von uns vier hat fünfundzwanzigtausend Gulden
hingeblättert.

Nach sechs Wochen fahren Franz und ich, so wie immer
zur Plantage, um die Pflanzen zu bewässern und alles zu
kontrollieren. Bisher konnten wir noch nicht ernten. Wir biegen
also in die Straße ein und ungefähr vierhundert Meter vor
unserem Bauernhof, sehe ich im Rückspiegel, auf ein Mal die
Polizei hinter uns. Ich schaue noch ein Mal gut in die Spiegel
und sehe lauter Leute in weißen Anzügen in dem Bus. Ich sage
zu meinem Kumpel: „Schau mal, sie nehmen wieder irgendwo
eine Plantage hoch, sie haben die weißen Overalls schon an." Der
Polizeiwagen bleibt hinter uns. Also sage ich zu meinem Freund:
„Ich fahre eben weiter, mal sehen, wo sie hinfahren, okay?"
„Okay", sagt Franz.
Ich fahre an unserem Unterschlupf vorbei, schaue in den
Rückspiegel und sehe, dass die Heinis vor unserem Bauernhof
halten. Da wird doch der Hund in der Pfanne verrückt.
„Verdammte Scheiße", schreie ich.
Auch Franz flippt aus. „So eine Scheiße!", ruft er. „Und wir
haben noch kein einziges Mal geerntet, Mann!", „Schauen wir
mal, was die Bullen mit unseren Sachen machen."
„Okay", sagt er, „stell das Auto mal ein wenig weiter weg ab,
dann laufen wir den Rest zurück." Wir parken also das Auto

und laufen Richtung Bauernhof. Verschiedene Leute holen uns ein, weil sie natürlich auch sehen wollen, was dort los ist. Das ist natürlich eine Sensation für die Leute hier in der Straße. Ein Absperrband sperrt die Straße. Wir stehen vor der Hecke des Bauernhofs und die Polizei ist bereits reingegangen. Rasch liegt ein starker Grasgeruch in der Luft. Als Erstes müssen sie wohl den Strom abgestellt haben, denn uns kommt schnell der Grasgeruch entgegen, da der Luftabzug nicht mehr funktioniert. Wir stehen dort mit dutzend anderen Schaulustigen und der Geruch unseres eigenen Hanfs, steigt uns in die Nase.

Das große Schiebetor öffnet sich und die ersten Bullen kommen schon mit den Pflanzen an. Sie sehen aus, wie große Sträuße Rosen. Sie sehen so schön aus. So unfassbar schön. Es macht einen krank sich das anzusehen. Die Bullen laufen immer wieder hin und her und alle Pflanzen werden draußen auf einen Haufen geworfen. Der Berg wird immer größer, genau wie meine Trauer. Ich bin gut im Jammern. Verdammte Kacke, sieh dir das an, dort geht mein Geld dahin, die Investition einfach weg. Und dann die Dummschwätzer um uns herum, die auch noch sagen: „Ja, den Polen kann man nicht vertrauen, wie sollte auch solche Faulpelze in der Lage sein so einen großen Bauernhof zu mieten? Wenn es günstig gewesen wäre, hätten wir dort auch gerne gewohnt." Ein wenig später kommt ein Müllwagen und der ganze Haufen wird hineingeworfen. Der Kerl, der neben uns steht und den Polen gerade die Schuld gab, spricht den Beamten an und sagt: „Hallo, hallo Herr Kommissar. Sie sollten hier in der Straße bei Hausnummer 28 auch mal vorbeischauen. Ich bin mir sicher, dass auch dort der gesamte Dachboden vollsteht. Es stinkt dort immer bestialisch, wenn ich abends mit meinem Hund vorbeilaufe und dort stehen Autos vor der Tür, die Sie und ich nicht bezahlen können."

„Okay", sagt der Polizist, „wir fahren sofort vorbei. Nummer 28 sagten Sie und Ihr Name?"

„Uhhh", sagt der Mann, „den habe ich nicht, ich sage nicht aus, ich halte Ausschau, aber jetzt wissen Sie es ja! Komm, Killer." Und er geht mit seinem angeleinten Hund weg.

Der Polizist ruft zwei Kollegen zu sich und zu dritt laufen sie zur Hausnummer 28, ein frei stehendes Haus, ungefähr dreihundert Meter von unserem Betrieb entfernt. Sie klingeln. Die Beamten verschwinden in dem Haus und kommen nach einigen Minuten wieder zurück nach draußen und rufen laut: „Bingo, noch eins, schick den Müllwagen gleich mal hier hin!"

Wir haben keine Ahnung, wem die Plantage gehört.

Das Ekelpaket, das meinte, die Bullen informieren zu müssen, steht ein Stück weiter weg mit seinem Hund, der eher einem Wollknäuel ähnelt, als einem Hund. Aus sicherer Entfernung beobachtet er das Geschehen. Ich denke mir nur: Mieser Fiesling, so was macht man doch nicht. Verräter und Diebe sind das Schlimmste. Und das nicht nur im Drogenhandel! Im Krieg gab es auch immer solche Leute, die hat man aber umgelegt und so ein Schmutzfink genießt auch noch Ansehen hier in der Straße, nichts ahnend, dass dafür Menschen umgebracht werden.

Wir stehen da und beobachten alles, dann ziehen wir machtlos von dannen. Wir steigen in den Bus und schweigen. Wir sagen nichts. Wir sind einfach nur fertig! Hunderttausend Gulden im Eimer. Was für ein Scheißtag!

11 Wundervolles Paar

Unser Strohmann Edwin, von der hochgenommenen Plantage, musste sich bei der Polizeidienststelle zum Verhör melden. Er ruft mich an und fragt, ob ich Zeit für ihn habe. Nach zehn Minuten ist Edwin bei mir.

„Wir haben ein Problem", sagt er.

„Und das wäre?", frage ich.

„Naja", sagt er, „ich habe vor vier Wochen ein Haus gekauft und jetzt wollen sie mein Haus pfänden, mein Zeug, meine Kohle, mein Gehalt, mein Auto, den ganzen verdammten Krempel und auch noch das Auto meiner Freundin, das auf meinen Namen läuft."

„Oh", sage ich, „also auf ein Mal hast du so viel Knack, dass der Herr ein eigenes Haus besitzt?" Ich denke mit Franz darüber nach und unsere Philosophie war immer gewesen, mit gehangen, mit gefangen.

„Will das Finanzamt die Kohle haben?", frage ich.

„Nein", sagt er, „der Stadtwerke und der Hausherr. Der Hausherr will, dass ich ihm zehntausend Gulden gebe, für die Räumungsarbeiten und die Kaution bin ich natürlich auch los. Dann kommt der Stromanbieter noch mit einer Stromrechnung von zehn Riesen um die Ecke und sogenannten Untersuchungskosten." Wie ein Schluck Wasser sitzt Edwin auf einer Mauer und zieht nervös an seiner Zigarette.

Ich sage zu Edwin: „Bleib du mal eben hier sitzen. Ich komme sofort zurück." Ich steige in den Bus und bin zu meinen Compagnons gefahren. Nicht jeder ist davon begeistert.

„Hey Jungs, wir haben abgesprochen, dass wir das zusammen durchziehen. Wir können den Jungen jetzt nicht im Stich lassen." Es ist schnell geregelt. Mit zwanzig Riesen in der Tasche fahre ich zurück zu Edwin. Er fängt fast an zu heulen vor Glück, denn seine Freundin hat schon damit gedroht, ihn zu verlassen. Im ersten Moment war ihr nicht klar, dass es um so viel Geld geht. Angesichts der Tatsache, dass sie sich dafür ein ganzes Jahr bei ihrem Boss krumm machen müsste, hat sie Edwin aufgetragen, das Alles so schnell wie möglich zu regeln. Edwin, der offensichtlich nicht die Hosen an hatte, hat mit eingezogenem Schwanz das Haus verlassen und sitzt jetzt hier jämmerlich herum.

Es ist doch schön, so eine Freundin zu haben. Eine, die bei jedem kleinen Scheiß schon abhauen will. Von mir hätte sie nie ein Auto bekommen. Was für ein wundervolles Paar!

Das ist das erste Mal, dass sie mein Hanf beschlagnahmen. Das ist an sich schon eine seltsame Erkenntnis, dass man nicht von den eigenen Leuten gefickt wurde, sondern jetzt auf ein Mal durch die Justiz.

Bei Gericht kam Edwin mit zweihundert Sozialstunden davon. Die hat er in einem Pflegeheim abgeleistet. Sich reinwaschen konnte er nicht, aber Hintern putzen ebenso wenig. Er lief dort mit einer Kaffeekanne herum und musste die Pflanzen gießen. Als Franz und ich ihn ein Mal besucht haben, sagten wir zu ihm: „Ja, das kannst du natürlich … Pflanzen gießen!"

12 Klare Ansage

Eines Tages werde ich während eines Empfangs bei einem Fleischereibetrieb, von einem alten Geschäftspartner angesprochen. Viele Leute wissen mittlerweile, dass man mit Gras viel Geld verdienen kann. Aber von den Verlusten haben sie keine Ahnung. Genauso wenig wie von allem anderen, was sonst so geschieht und wie es abläuft. Gras wird in immer größeren Kreisen bekannt und immer mehr Menschen beginnen es anzubauen. Ich habe gelesen, dass innerhalb des letzten Jahres ungefähr vierzigtausend Hanfplantagen hinzugekommen sind. Und trotzdem steigen die Preise immer noch.

Ungefähr 10 % werden hochgenommen und aufgeräumt. Gras ist ein echtes Exportprodukt geworden und angesichts des Umfangs, sollten Hanfzüchter eigentlich den Exportpreis des Jahres dafür bekommen.

Von dem gezüchteten Hanf bleiben nur 20 % in den Niederlanden, die in den Coffeeshops landen. Die anderen 80 % gehen nach England, Deutschland, Frankreich und den Rest der Welt.

In England bekommt man für ein Kilo grünes Gold schon fast sechstausend Gulden. Schmuggeln ist eine teure Angelegenheit. Schmuggler sind schwer zu finden und die Strafen sind nicht gerade mild. Darum wird jetzt in England noch mehr Gras gezüchtet als in den Niederlanden.

Deutschland und die Ostblockländer geben jetzt erst richtig Gas. Tschechien und die Slowakei fangen langsam damit an, aber auch dort wächst der Markt schnell.

Nun gut, ein alter Geschäftspartner spricht mich also an. Er stellt mir seine Bekannten vor und wir verabreden uns für ein anderes Mal. Die Männer heißen Jan und Paul.

Eine Woche später ist es dann so weit. Einer von ihnen besitzt ein Café und dort haben wir uns dann auch verabredet.

Das Erste, was Jan zu mir sagt, ist: „Wir wollen ehrliche Geschäftspartner. Ansonsten bekommen wir sowieso nur

Probleme miteinander. Wir lassen uns nämlich nicht gerne
ausnehmen."
„Das ist eine klare Ansage", sage ich, „okay, ist doch
selbstverständlich. Ich lasse mich auch nicht gerne ausbeuten,
weißt du?"
Meine jahrelange Erfahrung hat mich gelehrt, gerade bei solchen
Leuten besonders wachsam zu sein. Sie reden die ganze Zeit
übers Ausbeuten, aber wenn es darum geht, Leute zu verarschen,
sind sie ganz vorne mit dabei.
Ich bin auf der Hut, denn ich kenne diesen Jan und Paul noch
nicht. Das sind Blender, in Anzug und Krawatte. Das gilt auch
für den Chef in dem Café, denn jeder, auch sein Personal, spricht
ihn mit seinem Nachnamen an.
Er erzählt, dass er einen geeigneten Ort kennt und dass der
Eigentümer es in Ordnung findet, solange die Kohle für die
Miete bezahlt wird. Mehr will er nicht und mehr braucht er auch
nicht zu wissen.
Die Miete beträgt fünfzehnhundert Gulden pro Monat und wenn
er die zum Ersten jeden Monats Bar auf die Kralle bekommt,
können wir auf seinem Dachboden loslegen.
„Es ist wirklich ein guter Standort", sagt Jan noch ein Mal.
Ich schaue Franz an und sage: „Gut, gucken kostet nichts."
Wir machen einen Termin mit unserem zukünftigen Vermieter.
Es stellt sich heraus, dass das Gebäude ein Holzsägewerk ist.
„Das Holzgeschäft ist abgeschlossen, liegt die Hälfte der Zeit
still und ich muss Kohle verdienen und ich habe immer noch
Streitigkeiten mit meiner Ex", erzählt der Mann und verzieht
sein Gesicht zu einem Lächeln. „Ich muss etwas tun, sonst stehe
ich innerhalb kürzester Zeit mit meinen Sachen auf der Straße
und das bereit mir nicht gerade Freude. Das verstehst du doch.
Komm mal eben mit nach hinten."
Wir laufen quer durch das Holzsägewerk, eine lange, breite
Treppe nach oben und ich sehe einen großen, leeren Raum.
Ich denke sofort: Yes, schöner, großer Dachboden und eine
gute Deckenhöhe. Ich entdecke ein dickes, rundes Rohr von
einem Meter Durchmesser, das vom Erdgeschoss aus über den
Dachboden nach draußen verläuft. Dann sind wenigstens keine
Arbeiten mehr nötig, um für eine gute Luftabfuhr zu sorgen,
denke ich.
Die Polizei fliegt nämlich immer öfter herum, um Hanfplantagen
aufzuspüren. Sie fliegen mit Maschinen, Helikoptern und kleinen
Flugzeugen herum und wenn sie dann wieder eine neue Leitung

auf einem Dach entdecken, haben sie wieder eine Plantage ausgespäht.

Also dieses Hindernis müssten wir dann nicht mehr überwinden.

Wir gehen zurück in sein Büro und er fragt: „Und? Taugt es was?"

Ich schaue Franz an und er nickt. „Ist gut. Wie viel waren das noch?"

„Fünfzehnhundert Mäuse! Bar, immer am Ersten des Monats", sagt der Schreiner festentschlossen.

An Ort und Stelle besprechen wir mit Jan und Paul, den Deal abzuschließen. Sie kriegen die Hälfte des Gewinns, wenn sie den Mietvertrag unterschreiben. Im Gegenzug bezahlen wir die Einrichtung, die Sachen und die Stecklinge.

Der Deal ist schnell unter Dach und Fach, wir schütteln einander die Hände und Jan und Paul verlassen das Büro des Sägewerks.

13 Spurlos verschwunden

Wir arbeiten jetzt schon seit vier Wochen im Holzsägewerk und wir wollen mit Jan und Paul Kontakt aufnehmen, um ihnen zu erzählen, dass wir beinahe fertig sind. Franz und ich versuchen sie seit Tagen zu erreichen, aber wir bekommen niemanden ans Telefon.
Die Abmachung ist, dass wir nicht mehr in das Café kommen. Es scheint, als wären sie wie vom Erdboden verschluckt.
„Das wird schon wieder", sagt Franz. Inzwischen versucht er weiterhin die Beiden zu erreichen.
Vergebens.
Letzten Endes fahre ich, entgegen unserer Abmachung, doch zum Café und auch dort weiß niemand, wo „der Herr Chef" sein könnte. Franz und ich wissen nicht weiter. Was jetzt?
Wir beschließen, zum Vermieter zu fahren. „Hast du noch was von Jan und Paul gehört oder hast du sie noch gesehen?", fragen wir ihn.
„Nein, ich habe niemanden mehr gesehen oder gehört. Paul schuldet mir auch noch neunhundert Gulden. Ich möchte also auch gerne wissen, wo sich die Beiden rumtreiben. Und ich will diese Woche das Geld sehen, fünfzehnhundert Gulden. Sonst könnt ihr euch vom Acker machen mit eurem Scheiß." Der Vermieter zieht dabei ein Gesicht, das sicher nicht lügt.
„Angekommen", sage ich und frage Franz was wir tun sollen.
Er ist der Meinung, dass wir alles fertigstellen müssen und nach der ersten Ernte, brav das Geld mit Jan und Paul teilen, so wie abgesprochen. Ein Mann, ein Wort.

Nach sechs Wochen sind wir fertig und von Jan und Paul fehlt immer noch jede Spur. Die Stecklinge sind gekauft und wir haben ungefähr zehntausend Gulden investiert. Unsere verschwundenen Partner haben im Gegensatz dazu, noch keinen einzigen Cent ausgegeben. Trotzdem teilen? Ja, das machen wir, da wir es nun einmal so abgesprochen haben.
Der Strom läuft so wie immer und der Stromanbieter „Essent" bekommt brav sein Geld. Wir haben die Stecklinge in die Töpfe

gesetzt und ich sage zu Franz: „Ein Mal ernten und dann hören wir auf, das wird nix mit den Beiden."

Alles läuft wie geschmiert. Die Pflanzen blühen jetzt seit vier Wochen. Zweitausend Stück. Das ist so herrlich anzusehen. Besonders wenn alle Lampen an sind und man über die vielen Pflanzen schaut. Das ist echt cool.
Die zwei Herren haben sich immer noch nicht gemeldet und dann klingelt mich der Vermieter morgens um sieben aus dem Bett. „Du musst herkommen, ich glaube hier ist etwas geplatzt." Als er das gesagt hat, legt er auch schon wieder auf.
Wie ein Verrückter springe ich aus dem Bett, fahre wie ein Besessener zum Holzsägewerk und das rote Wasser aus dem Bewässerungssystem kommt mir schon auf der Treppe entgegen. Mit fünf Schritten fliege ich die Treppe hinauf, hole den Schlüssel aus meiner Tasche, mache die Tür auf und bemerke, dass eingebrochen wurde. Verdammte Scheiße, was für ein Chaos. Ich inspiziere alles. Ich begutachte die Tür. Nichts Auffälliges zu sehen. Wie in Gottes Namen sind die hier reingekommen? Ich sehe mich noch ein Mal gut um und noch ein Mal. Dann sehe ich auf ein Mal, dass das Rohr, von einem Meter Durchmesser, für die Luftabfuhr, seltsam runter hängt. Ich schaue mir das genauer an und sehe, dass die Wichser durch das Rohr nach innen gekrochen sein müssen.
Ich rufe Franz an und erzähle ihm, was ich vorgefunden habe. „Ich hab's doch gesagt, Mann, mit diesen Mongos bekommen wir nur Ärger. Die Pflanzen stehen noch, aber der ganze Scheiß ist zerstört", sage ich noch zu Franz. „Ich muss jetzt auflegen, da klopft jemand an." Ich denke, welcher Idiot ruft mich jetzt, morgens um halb neun, schon an?
„Hallo", höre ich eine Stimme sagen, „hier ist Jan."
„Können wir miteinander reden? Jetzt. Jetzt sofort?", frage ich ein wenig verdutzt, weil er am Telefon ist und wir ihn schon seit Wochen suchen.
„Ja", sagt er, „du hast deine Überraschung sicherlich schon gefunden?" Und er lacht.
„Was? Du bist hier gewesen, du verdammter Wichser!"
„Ja", sagt Jan, „ich treffe dich gleich im Café. Bis gleich." Er lacht sich tot und legt auf.
Ich rufe sofort Franz zurück: „Was meinst du, wer angeklopft hat?", frage ich ihn. Und bevor er mir eine Antwort geben kann,

rede ich weiter: „Jan! Und er will, dass ich jetzt ins Café komme. Er ist es, der heute Nacht alles zerstört hat."

„Das dachte ich mir schon", sagt Franz. „Die Mongos, ich habe dich gewarnt."

„Laber nicht, Mann", sage ich zu Franz. „Wir sind doch beide darauf reingefallen und was laberst du denn jetzt, dann hättest du von Anfang sagen müssen, dass du nicht willst. Solche Scherze kann ich nicht leiden."

„Ja, okay. Dann sind wir beide Mal wieder gefickt", sagt Franz.

„Ich hole dich ab und dann fahren wir sofort zusammen hin."

„Weißt du was", sagt Franz, „ich komme nicht mit. Ich muss heute noch ein paar Autos verkaufen."

„Oh!", sage ich überrascht. „Du kommst also nicht mit? Schön. Aber hey, kein Problem. Dann gehe ich eben alleine. Ich erzähle dir später, was passiert ist."

Ich kann ihn natürlich nicht verpflichten mitzukommen, aber ich finde es schon ein wenig schwach. Aber gut. Ich gehe auch alleine. Ich kann es nicht leiden, wenn man sich an meinen Sachen zu schaffen macht, aber auch nicht an anderer Leute Eigentum.

Also fahre ich alleine zum Café und gehe sofort rein. Drinnen sitzen Jan und Paul und noch ein Kerl, den ich nicht kenne, schon startklar an einem Tisch. Der unbekannte Kerl ist fast zwei Meter groß und wiegt schätzungsweise 180 Kilo. Ich bin gut im Schätzen, denn ich war ja jahrelang im Fleischereigeschäft. Und das ist ein Stück fettes Schweinefleisch.

Jan rührt bedächtig mit dem Löffel in seinem Kaffee, während der Fettsack hinter ihm steht. Paul hält sich eher im Hintergrund. Ich gehe hin und verhalte mich ruhig. Erst ein Mal lauschen, was der Grund für die Aktion auf dem Dachboden ist, sage ich immer wieder zu mir selbst.

Jan legt los: „So mein Lieber, du hast mich und meinen Kumpel da drüben ganz schön abgezockt."

Vor lauter Wut weicht mir schon die Farbe aus dem Gesicht und sage: „Abgezockt? Wer hat hier wen verarscht, wer zerstört einfach meine Sachen ohne Grund?"

„Ich", sagt Jan, „und ich habe einen Grund. Du hast verdammt noch mal einfach angefangen ohne uns zu informieren und du arbeitest doch in die eigene Tasche, obwohl wir den Dachboden klar gemacht haben?"

„In die eigene Tasche, laber doch nicht Mann. Franz und ich versuchen schon seit Wochen euch zu erreichen, noch nicht ein Mal hier, in dem Drecksladen wusste dein Personal, wo du warst oder wie du zu erreichen bist. Wir haben die ganze Scheiße bezahlt, die Miete, den Strom, die Sachen und die Pflanzen und jetzt machst du aus mir einen beschissenen Betrüger? Ich habe schon zehn Riesen da reingesteckt und ihr keinen einzigen Cent, niente, nada, nix. Warum macht ihr so einen Mist? Ich raffe es nicht!"

Paul springt von seinem Stuhl und kommt auf mich zu, haut auf den Tisch und sagt: „Was willst du denn? Ich habe fünfzehn Jahre meines Lebens im Knast gesessen und du hast mir gegenüber eine große Fresse."

Ich stehe ebenfalls auf und sage: „Dafür, dass du fünfzehn Jahre gesessen hast, bist du ein ganz schöner Schlappschwanz! Du hast in all den Jahren sicherlich nicht geschafft auch nur einen Gulden zu sparen, oder? Und jetzt musst du uns übers Ohr hauen, indem ihr nichts mehr von euch hören lasst, während wir eigentlich immer noch die Hälfte teilen wollen, aber davon kannst du jetzt erst mal den Schaden, von heute Nacht abziehen, Arschloch! Und was wollt ihr denn jetzt, alle drei, ein Haufen Vollidioten!" In der Zwischenzeit laufe ich in aller Ruhe zur Tür. Ich bin alleine. Angenommen sie prügeln zu dritt auf mich ein, dann habe ich nicht den Hauch einer Chance. Draußen kann ich mich besser verteidigen.

Ich bin an der Tür und Jan und Paul sind erschrocken über meine Schimpftirade und meinem überzeugenden Bluff. Sie spüren, dass ich weder Tod noch Teufel fürchte, auch nicht, wenn so ein dahergelaufener Schrank hinter ihnen steht. Außerdem werden sie wissen, dass auch ich ein Dutzend dieser Freunde habe, wie den Fettsack, der jetzt großkotzig hinter Jan steht.

Ich muss nicht den gefährlichen Kerl raushängen lassen, aber in der Not, will ich mich schon verteidigen können. Ich ziehe es immer noch vor, die Sache im Guten zu regeln und getroffene Absprachen einzuhalten.

Ich öffne die Tür, um zu gehen und es eskaliert aufs Neue. Jan fängt an, zu schreien und mich zu stoßen.

„Du Opfer!", schreit Jan, „So einfach kommst du uns nicht davon, du Mongo." Mit angespannter Stimme befiehlt er seinem Kleiderschrank: „Hendrik, pack ihn!"

Ich drücke Jan die Kehle zu und schreie: „Oh, so macht ihr das, ich komme hier her, in die Höhle des Löwen, auch noch alleine, und ihr seid zu dritt und wollt mir eine reinhauen, na klar." Ich lasse Jan los und sage: „Das werden wir sehen, ich bin in einer halben Stunde zurück. Mal sehen, wie stark ihr dann seid, und wer hier die wirklichen Mongos sind." Ich nehme so schnell wie möglich die Beine in die Hand, denn das fette Schwein ist nicht ein Mal halb so schnell wie ich.

Ich zittere vor Wut und das Adrenalin strömt durch meinen Körper. Mit Vollgas und äußerst aufgebracht, verlasse ich das Café und fahre zu Franz.

Der ist bei der Arbeit. Als ich mich ein wenig beruhigt habe, rufe ich ihn erst an und erzähle ihm, wie die Sache aus dem Ruder gelaufen ist. „Wir müssen uns beeilen, denn das geht so nicht. Verdammt noch mal. Was glauben die denn, wer sie sind?!"

„Okay", sagt Franz, „hol mich gleich zu Hause ab. Erst einmal ein paar Waffen holen."

„Muss ich auch noch eben machen, gute Idee. Die Mongos werden uns nicht überraschen. Wir haben nichts falsch gemacht und dann wollen sie uns verarschen? Na das werden wir mal sehen."

Ich hole Franz ab und wir fahren beide mit unseren Waffen im Gepäck, zurück zum Café. Nicht, dass wir eine Schießerei wollen. Ich bin kein Cowboy. Bitte nicht. Wir wollen nur reden. Die Waffen sind nur zu unserer eigenen Sicherheit.

Bei dem Café angekommen, gehen wir hinein. Ich bin noch ziemlich aufgebracht aufgrund der Situation, aber ich versuche ruhig zu wirken. Ich denke noch: Ruhig bleiben, sonst läuft es auf eine Schießerei hinaus und dann haben wir auf beiden Seiten Opfer. Das muss nicht sein. Und sicherlich nicht für so eine Hanfplantage.

Ich sehe, dass sie nun nicht mehr zu dritt sind, sondern zu sechst in dem Café. So viele Kerle und das, obwohl das Café eigentlich noch geschlossen sein müsste. Also sehe ich jeden einzeln an und sage total aufgebracht: „Was soll das denn jetzt? Gerade noch wart ihr zu dritt und ich alleine, jetzt seid ihr zu sechst und wir zu zweit. Na klar!"

Ich gehe sofort gehe sofort zu dem großen Kerl, der gerade schon dabei war, ziehe meine Waffe und sage: „Du dickes, fettes Schwein. Verpiss dich, ihr alle. Nur Jan und Paul bleiben hier!

Wir haben noch etwas zu klären. Zack, zack, sonst schieß ich dir ein Loch in den Kopf."

Dem Ganzen habe ich mit einer tiefen, kräftigen Stimme noch ein wenig mehr Ausdruck verliehen, und was meinst du, es funktioniert! Die vier anderen Männer hauen ab. Wir setzen uns an den Tisch. Anfangs droht das Gespräch doch wieder aus dem Ruder zu laufen. Denn Jan steht auf ein Mal auf und zieht eine Waffe. Er richtet sie auf mich. Okay, denke ich. Nur die Ruhe bewahren, nur das kann dich jetzt noch retten. Mit Worten versuchen wir, das Problem zu lösen.

Jan setzt sich zum Glück wieder hin.

Nach ungefähr einer Stunde, haben sich die Gemüter glücklicherweise wieder beruhigt. Wir einigen uns darauf, dass mein Kumpel und ich die Plantage wieder reparieren und dass wir die erste Ernte brav teilen. Danach gehen wir getrennte Wege. Alle Sachen gehören uns. Jan und Paul kriegen vom Gewinn der ersten Ernte 50 %. Gute Abmachung für beide Parteien, denke ich. Und es gab keine Tote.

Als wir wieder ein wenig runtergekommen sind, fahren Franz und ich nach Hause. Wir scherzen auch schon wieder. „Sollen wir Rasierklingen in dem Rohr anbringen? Wenn sie dann einbrechen, sitzt der Einbrecher in den Messern fest. Dann packen wir noch ein wenig Aftershave dazu und einen Erste-Hilfe-Koffer", lacht Franz.

„Und dann finden wir sie am nächsten Morgen. Das ist zum Schießen", sage ich. „Und dann für zehn Jahre in den Bau wegen Mordes oder so. Das wird ja immer besser. Nein, das lassen wir besser und warten ab, ob Jan und Paul jetzt Worthalten."

Mein Kumpel und ich haben die gesamte Woche nötig, um alles zu reparieren. Eine Woche später bekomme ich einen Anruf. Die Hanfpflanzen sind jetzt fünf oder sechs Wochen alt. Kleine Wipfel sind schon da, aber noch lange nicht reif genug, um zu ernten. Der Vermieter ist am Telefon. Er bittet mich vorbeizukommen. Es wurde nämlich wieder eingebrochen. Nicht schon wieder! Ich rufe meinen Kumpel an, der davon ebenfalls nicht begeistert ist. Es bleibt uns nichts anderes übrig, als dort hinzufahren. Wir kommen bei dem Häuschen an und das Wasser kommt uns schon auf der Straße entgegen. Wir steigen über die Pfützen und gehen rein. Oben angekommen sehen wir, dass alle Pflanzen weg sind. Nur die Apparate stehen noch dort. Unsere Freunde haben jetzt ungefähr fünf bis zehn Kilo Hanf gestohlen, das man nicht rauchen kann. Hanf, das man noch nicht einmal verkaufen kann. Sie müssen die zweitausend Pflanzen auch noch zuschneiden. Alles umsonst. Wenn sie noch drei Wochen gewartet hätten, hätten sie mal eben fünfzigtausend Gulden von mir bekommen. Das wäre die Ausbeute pro Paar gewesen, schätze ich. Aber nein, sie machen es so und was das Schlimmste ist, aber eigentlich auch zum Totlachen, auf dem Flur an der Tür des Dachbodens steht in Großbuchstaben mit Isolierband geschrieben: „Danke!" Wie blöd muss man sein!

14 Der Bunker

Wir müssen weitermachen. Wir haben schon wieder so viel Verlust gemacht. Die Kohle ist schneller weg, als sie reinkommt. Wir müssen, ob wir wollen oder nicht, einen neuen Standort suchen, um den Verlust auszugleichen. Es wäre besser, sich erst mal auf den Arsch zu setzen, unsere Frauen zu packen und irgendwo ein wenig zu entspannen. Am liebsten in Spanien, um auch noch ein bisschen Sonne zu tanken. Wir reißen uns den Hintern auf und haben inzwischen ein gutes Netzwerk aufgebaut, aber wir staunen immer wieder darüber, dass wir jedes Mal von einem völlig Fremden ein Angebot bekommen. Es scheint fast so, als ob die ganze Welt wüsste, dass wir das grüne Gold anbauen.

In irgendeiner Kneipe spricht dich ein völlig Fremder einfach an. In der Kneipe spricht Rob mich an. Er bietet mir einen Standort an. Es ist eigentlich wieder dasselbe Lied. All die Leute sagen, dass sie keine Kohle haben, auf einem Schuldenberg sitzen oder sie wollen kein Geld investieren. Es sind diese Hosenscheißer, die Geld machen wollen, aber nicht dazu bereit sind, welches zu investieren und das sind auch immer die Ersten, die über Kohle meckern.

Diesmal werden gleich dreißig Riesen als Vorinvestition verlangt, aber in Form eines Darlehens. Ich kenne ihn nicht, habe mir schon so oft die Finger verbrannt und die Verluste sind nicht gerade klein gewesen. Aber Not kennt kein Gebot und ich beschließe mit Rob in See zu stechen, aber dann unter meinen Bedingungen. Rob sieht so aus und spricht, als ob er heil die Grundschule abgeschlossen hat.

Ich mache ihm ein Angebot: „Kein Darlehen über dreißig Riesen, sondern ich investiere selbst und wir teilen den Pott, abzüglich der von mir erbrachten Investitionen." Er ist einverstanden.

Am nächsten Tag fahren wir zusammen zu der Wohnung. Es ist ein wenig abseits der Autobahn und am Ende einer Landstraße geraten wir auf einen Sandweg. So ein lockerer Sand. Zum Glück bleibt mein Auto nicht stecken. Wir halten am Rand des Waldes und ich sehe nur Bäume.

„Und jetzt?", frage ich Rob.

„Komm mit, du wirst es gleich sehen."

Wir laufen einen Wanderpfad entlang und mitten im Wald sehe ich einen Betonklotz, den das Grün offenbart und an dem Brennnesseln wachsen. Um das grüne Ungetüm herum steht eine alte, verschlissene, ungepflegte Hecke. Es stellt sich heraus, dass es ein alter Bunker ist. Das Grundstück, auf dem der Bunker steht, gehört seinem Onkel, erklärt mir Rob. Ich fange an, zu lachen und bin gespannt, wie das Ding von innen aussieht. Rob holt den Schlüssel aus seiner Tasche, nimmt das Hängeschloss von der verrosteten Tür und wir gehen in das grüne Ungetüm. Wenn man nicht wüsste, dass es ein Bunker ist, würde man meinen, dass es ein Felsbrocken ist. Das Ding fällt kaum auf und die Natur hat ihre Arbeit gut gemacht. Eine schönere Tarnung als Brennnesseln gibt es nicht. Wir gehen hinein und ich bin so überrascht, dass es mich förmlich von den Socken haut. Die Einrichtung in dem Café der zwei Mongos war nichts dagegen. Es ist sauber, gepflegt und ordentlich wie in einem Büro. Dort stehen auch ein Radio und einige Stehlampen, also gibt es auch Strom. Außerdem stehen dort eine Essecke und zahlreiche selbst gemalte Bilder. In der Ecke stehen eine Staffelei und einige Töpfe Farbe auf dem Boden. An der Wand hängt ein Gemälde, auf dem ein stattliches Weib in einer hoffnungslosen Haltung auf einem Sofa abgebildet ist. Robs Onkel malt offensichtlich. Diesen Bunker benutzt er als sein Atelier.

„Gibt es hier Strom", frage ich Rob, „hier stehen Lampen?"

„Mein Onkel hat außerhalb des Bunkers ein Aggregat vergraben", erklärt Rob.

„Okay, wir machen es", sage ich. „Und das sofort. Das wird ein Spaß. Ich habe noch Sachen rumliegen für ungefähr fünfhundert Pflanzen."

„Okay", sagt Rob, „dann werde ich meinen Onkel informieren."

Der Onkel von Rob gönnt ihm das Geschäft, weil er sein Patenonkel ist. Er bekommt monatlich fünfhundert Mäuse. Davon kann man wieder einiges an Farbe kaufen und eine attraktive Frau auf dem Sofa posieren lassen, denke ich. Ich gebe ihm sofort fünfhundert Gulden für den ersten Monat, damit wir schnell anfangen können.

Rob und ich fangen sofort am nächsten Tag an, zu arbeiten. Das alte Aggregat reicht für die fünfhundert Pflanzen nicht aus. Darum graben wir das alte Aggregat aus und ich sage zu Rob, dass er es seinem Onkel wiedergeben soll. Wir kümmern uns um eins das ausreicht.

Rob sagt: „Ich hoffe, dass das Ding von euch nicht mehr frisst, als das alte, denn in der Miete ist der Diesel nicht mit inbegriffen."

„Das wird schon alles, mach dir nicht so einen Stress."

Von der Zucht bei Franske, dem stotternden Bauern, hatten wir noch das kräftige, alte Stromaggregat, das haben wir dann dort vergraben. Je besser man arbeitet, desto weniger fällt es auf und die Leute in der Gegend um den Wald herum meinen, dass Robs Onkel hier ein wenig malt und ab und zu eine hübsche Frau in diesen Bunker geht.

Nach rund vier Wochen Arbeit ist die Plantage fertig und alle Stecklinge sind gesetzt. Das mit dem Strom funktioniert auch einwandfrei. Jede Woche komme ich mit ein wenig Diesel vorbei, um das Aggregat zu füllen. Die schlechte Luft wird sofort in den Wald umgeleitet. Alles läuft super.

Die Arbeit und die Zucht laufen reibungslos. Man riecht absolut nichts und wir haben ziemlich dicke Knospen züchten können. Es wird also Zeit, zu ernten.

Es heißt natürlich weiterhin aufpassen, vor allem wenn man ernten will und Dutzende von Pflanzen durch den Wald, aus dem Bunker holen will. Überall sind die Späher auf der Lauer und es sind die Sorte Leute, die dich bis zur Erntezeit machen lassen und dann alles hochnehmen. Entweder sind es Jogger oder Wanderer im Wald, die ihren Hund dort kacken lassen und dann noch die Bullen rufen.

Ich erzähle Rob, dass ich bei mir zu Hause den Dachboden mit Filtern und Wäscheständern ausgestattet habe, um das Zeug zu trocknen. Die Knipser können das Zeug dann bei mir zuschneiden.

Die Wipfel sind nach der Ernte noch sehr nass und wenn wir die Ware an Ort und Stelle trocknen können, müssen wir nicht zu einem anderen Ort, um den Scheiß trocknen zu lassen. Alles aus Sicherheitsgründen. Rob findet das alles prima, solange er sein Geld bekommt

Auf dem Dachboden in meinem eigenen Haus habe ich also fünfzig Wäscheständer aufgestellt, darüber ein großer Filter, der am Schornstein angeschlossen ist, sodass die Hanfluft sprichwörtlich in Rauch aufgeht und kein Hund mit seinem starken Riechorgan etwas bemerkt. Wenn mein eigener Hund nicht anschlägt, dann sicherlich auch kein Hund der Nachbarn.

Am vereinbarten Tag haben Rob und ich die Wipfel abgeschnitten und eingepackt. Es scheint, als ob wir einkaufen waren. Wenn die Leute mich vor meinem Haus mit den Kartons sehen, dann denken sie, dass ich neue Sachen gekauft habe. Meine neidische Nachbarin schiebt des Öfteren die Gardinen zur Seite, als ich mit den „Geschenken" hineingehe. Ich höre sie förmlich denken: Das Weib von dem Gauner muss ihn nur ein wenig anmachen und sie bekommt alles, was ihr Herz begehrt.

Am nächsten Morgen stehe ich um fünf Uhr auf und hole die Knipser bei einer Tankstelle ab, damit sie bei mir sind, bevor die Nachbarn wach sind. Sechs Leute habe ich organisiert, die bis vier Uhr nachmittags arbeiten. Sie sind dann hundemüde, weil sie wirklich schuften müssen. Aber danach streicht jeder zweihundertfünfzig Gulden ein.
„Was für Medizinbälle hast du denn wieder gezüchtet Mann. Ich schätze, dass sie rund fünfundvierzig Gramm pro Stück wiegen. Pass mal auf, das wird ein guter Gewinn für euch. Das kann man schon sehen", sagt einer der Knipser. „Ich hoffe es", antworte ich ihm. „Das verdiene ich auch."
Nach ungefähr vier Stunden gehen sie wieder, aber natürlich nicht alle auf ein Mal. Ungefähr jede halbe Stunde schlendert einer nach draußen, um kein Aufsehen zu erregen. Das sieht doch anders aus, als wenn sie alle gleichzeitig gehen würden. Um die Rückfahrt kümmern sie sich selber. Dieses Ritual geht circa drei Tage lang so.
Nach drei Tagen Zuschneiden sind alle Pflanzen geschnitten und die neuen Stecklinge sind schon wieder gesetzt für die neue Ernte.
Das Hanf geht meistens zu demselben Abnehmer, ein sehr „guter Freund" von mir, sage ich mal. Die Wipfel kann man auch nass verkaufen. Dann besteht weniger Risiko und ich bekomme mein Geld sofort.
Die Jungs, die das grüne Gold nass kaufen, trocknen es dann selbst. Sie haben einen Trick, um nach dem Trocknen ein höheres Gewicht per Wipfel zu erreichen. Das sogenannte Aufarbeiten. Die nassen Wipfel werden dann in eine spezielle, klebrige

Flüssigkeit getaucht. Diese sorgt für eine Gewichtszunahme und somit wirft alles noch mehr Geld ab. Ein Gramm mehr oder weniger auf fünfhundert Wipfel - das macht ein halbes Kilo mehr Ausbeute. Das bearbeitete Gras geht meistens ins Ausland. Der holländische Verbraucher hat viel Erfahrung und lässt sich nicht so einfach verarschen.
Man macht so einiges mit. Wenn man hört, was einige Leute, die etwas kaufen möchten, dafür bezahlen wollen. Mein „guter Freund", der mir bis jetzt alles abgekauft hat, bezahlt viel weniger als andere und als er auf meine Anfrage hin, weder für mein getrocknetes noch für mein nasses Gras mehr bezahlen will, habe ich das Hanf aus dem Bunker, jemand anderem angeboten.
Über ein paar Ecken habe ich einen anderen Käufer gefunden. Das Gras ist getrocknet und abgepackt, wir haben dreizehn Kilo Bunkergras geerntet. Gutes, schönes Gras. Gute Ware, die zu einem gehörigen Preis verkauft werden kann.

Wir bekommen eine Lieferadresse und fahren zu unserem Abnehmer. Vor uns fährt jemand, der uns den Weg weist. Namen und Adressen werden nicht ausgetauscht. Man fährt dem Mittelsmann einfach hinterher. Die Lieferadresse ändert sich ständig, von einem großen Industriegebiet bis hin zu einer gewöhnlichen Wohnung. Wir biegen in die Straße ein und dort stehen mehr Mercedesse
500 SL, BMWs und Porsche, als bei uns Häuser in der Hypothekenblase. Bei mir in der Gegend werden die Häuser fast alle auf Pump gekauft, und das nennen sie im Volksmund Hypothekenblase, weil sich die Kredite innerhalb dieser Blase erhöht haben. Es ähnelt der Autoshow in Essen. Ich schaue Rob an und wir fangen beide an zu lachen. „Was ist das denn jetzt", sage ich, „wo sind wir jetzt schon wieder gelandet?"
Nach fünfzig Metern halten wir vor einem Haus. Ich sehe, dass an diesem Haus überall Kameras hängen. Als ich nach links und rechts blicke, sehe ich, dass alle Häuser ein Überwachungssystem haben. Ein wenig beklommen steigen wir aus. Wir sind gerade eine Stunde lang mit dreizehn Kilo Gras im Kofferraum durch die Gegend gefahren und jetzt stehen wir hier in dieser „schicken" Nachbarschaft mit unseren Kilos an Gras, bei Leuten, die wir noch nie zuvor gesehen haben. Wir haben immerhin Ware im Wert von rund fünfundfünfzigtausend Gulden bei uns. Ich stehe noch neben dem Auto, als sich die Haustür öffnet. Im

Türrahmen steht ein sehr netter, freundlicher Mann: „Kommt rein Jungs, meine Frau hat Kaffee aufgesetzt."
Wir treten ein und müssen aufpassen, wo wir hinlaufen. Von der Haustür bis zur Fassade im Wohnzimmer ist das ganze Haus vollgestopft mit Antiquitäten, Bildern, Gemälden und Möbeln. Man kann beinahe nicht durchgehen. Man bietet uns eine Tasse Kaffee an und nach ein wenig Gequatsche über Gott und die Welt, fragt der Mann, ob wir eben mitkommen möchten. „Und holt gleich die Ware aus dem Auto." Der Mann, der vor uns fuhr, hat gesagt wir könnten die Ware einfach im Auto liegen lassen, da es niemand wagen würde, einem Auto zu nahe zu kommen, das bei Onkel Kai vor der Tür steht, ganz zu schweigen davon es aufzubrechen.
Trotzdem überkommt mich ein komisches Gefühl, mein Auto mit dreizehn Kilo Ware einfach so alleine zu lassen, um Kaffee zu schlürfen und in der Zwischenzeit so zu tun, als ob nichts wäre. Zum Glück kann ich vom Wohnzimmer aus mein Auto sehen.
Im Nachhinein hat sich herausgestellt, dass die ganze Straße eine große Hanffamilie ist. Das hätten wir uns auch denken können, bei all dem glänzenden Blech in der Straße.
Rob und ich holen das Gras aus dem Auto und gehen wieder rein. Drinnen sagt die Frau des Hauses, dass wir durchgehen sollen, in den Schuppen hinterm Haus. Wir kommen in den Schuppen und unser neuer Freund steht schon mit seiner Waagschale bereit.
Wir übergeben ihm das Gras. Er beginnt zu wiegen und sagt: „Alles stimmt. Es sind genau dreizehn Kilo netto. Nett mit euch Geschäfte zu machen."
Er legt die dreizehn Kilo in der Waagschale unter den Tisch und bittet uns wieder mit reinzukommen. Wir gehen wieder ins Haus und währenddessen will er wissen, wie wir es gerne haben möchten. „Gulden, Mark, Pfund?"
„Gib uns einfach gute, holländische Mäuse", sage ich, als wir wieder im Haus sind. Er öffnet eine Küchenschublade. Rob und ich kommen aus dem Staunen nicht mehr raus. Beim Öffnen der Schublade rollen die Banknoten wie Klopapierrollen heraus. Schön mit einem Gummi drum und gruppiert in Rollen von tausend, zweihundertfünfzig und hundert Gulden. Eine Rolle dicker, als die andere. Zwei davon fallen auf den Boden. Ich will sie aufheben, aber er sagt: „Lass mal, das mach ich schon selber." Er bückt sich und hebt die Rollen auf.

Das ist wie der Safe einer Bank. Einfach so, ein Stapel Geld ordentlich sortiert nach Gulden, Mark, Pfund, nicht mehr normal. Einfach zu Hause in der Küchenschublade! Es muss schon eine sehr vertrauenswürdige Nachbarschaft sein, um so viel Bargeld in seiner Küchenschublade zu haben. Onkel Kai sagt auch noch, während er vor unseren Augen die Rollen öffnet und die Scheine zählt: „Vierhunderttausend sind Reserve, denn alt werden ist teuer mit den Ärzten zurzeit, die wollen auch alle was", und er blinzelt Rob zu.

Er zählt das Geld und gibt es mir. Wir laufen schüchtern nach draußen, steigen ein und Rob sagt zu mir: „Können wir den Bunker nicht an ihn vermieten, als Safe? Für hunderttausend im Jahr, stelle ich mich auch jeden Tag als Wachmann dort hin und du schiebst die Nachtschichten." Wir prusten vor Lachen. Auf einem Parkplatz halten wir und teilen das Geld. Die Sonne scheint und mein Portemonnaie platzt aus allen Nähten. Wieder zu Hause, sage ich zu meiner Frau: „Der Bunker ist klar, wir konnten einen guten Deal machen und morgen setzen wir neue Stecklinge."

Der nächste Bunkerdeal kam, ebenso wie dieselben Knipser. Der Gewinn war ungefähr derselbe und das Spielchen begann von vorne. Der Bunkerdeal mit dem Abnehmer hat uns gut gefallen und es lag auf der Hand, dass wir ihm auch die nächsten dreizehn Kilo anbieten würden. Er war einer der wenigen, die sofort bezahlen und bei ihm mussten wir nicht warten bis unsere gesamte Ware weiterverkauft wurde. Auch das kam regelmäßig vor. Und wenn an der Sache ein Haken war, hatte man nichts mehr. Es schien uns dann am besten, um dieses Kunststück ohne nennenswerte Probleme zu wiederholen. Zusammen mit den Knipsern sind wir inzwischen zu einer festen Gruppe zusammengewachsen. Ab und zu sind wir sogar zusammen feiern gewesen. Wir verabreden uns wieder und begeben uns in die sogenannte Showroom- Straße in der Prachtgegend. Wir sind bester Laune und hoffen, dass wir mit den neuen dreizehn Kilo in unseren Kofferraum, in zwei Stunden wieder die Rollen Geld entgegen nehmen dürfen.

Es ist jedes Mal ein seltsames Gefühl, wenn die Ernte gut ist, wenn wir nicht übers Kreuz gelegt werden, und unsere Ware verkaufen können und mit einem dicken Portemonnaie, das Gefühl kriegen, dass wir nach getaner Arbeit unseren Lohn bekommen. Es sind ungefähr fünfundzwanzig Grad an diesem

Tag, so wie bei der letzten Lieferung. Wir biegen fröhlich in die Straße ein. Rob und ich sehen uns um und vor jeder Tür steht ein nigelnagelneuer Wasserscooter, als ob sich in dieser Straße eine Lottogemeinschaft gebildet hätte, die den Jackpot geknackt hat. Und es sind nicht die günstigsten Modelle. Ich glaube nicht, was ich sehe. Haben die Bullen Tomaten auf den Augen oder trauen sie sich nicht in so eine Gegend? Nicht normal! Wir stehen wieder in der kleinen Küche und wir wissen, dass sich hinter der hässlichen, grünen Küchentür, das Objekt unserer Begierde befindet.

„Wir müssen eben in ein anderes Haus, da steht meine Wagen und wenn alles in Ordnung ist, habe ich wieder einige Klorollen für euch, Jungs", sagt der Abnehmer freundlich.

„Okay", sage ich, „kein Problem."

Ich bleibe cool, aber eigentlich ist mir nicht ganz wohl bei der Sache. Beim ersten Mal ging alles so schnell und jetzt auf ein Mal sollen wir woanders hin? Ich habe kein gutes Gefühl dabei.

Ich will immer alles schnell hinter mich bringen und will immer dafür sorgen, dass ich mich mit der Kohle so schnell wie möglich wieder ins Auto setzten kann, um noch schneller wieder nach Hause zu fahren, die Kohle zu verstecken und um dann herrlich mit meiner Frau zu relaxen.

Wir fahren unserem Klienten hinterher. Er fährt einen wunderschönen Mercedes 500 SL. Nach ungefähr fünfzehn Minuten Fahrt, mit dreizehn Kilo Gras bei mir, kommen wir bei einer prächtigen Villa an. Wir halten vor der Tür. Onkel Kai steigt aus, läuft zu unserem Auto und ruft enthusiastisch: „Wie findet ihr es?" Vor uns steht eine nigelnagelneue Villa, eine, die man nur in der Hypothekenblase findet.

„Schicke Hütte", rufe ich durch das geöffnete Autofenster, „hast du gut gemacht, Mann." Ich steige aus und sage: „Sollen wir dann mal reingehen? Ich habe heute noch mehr zu tun."

Ich will so schnell wie möglich das Gras loswerden, denn in diesem Geschäft gilt: Wenn man das Gras erst einmal hat, muss man es auch bezahlen, ganz egal was passiert. Auch wenn die Polizei die Ware beschlagnahmt, muss die Lieferung immer noch später abgerechnet werden.

Wir betreten seine neue Villa und alles sieht wirklich super aus. Der Antiquitätenscheiß aus seinem Haus kommt seiner Meinung nach, in dem neuen Raum besser zur Geltung. Aber so ein strickt modernes Haus mit all dem alten Krempel darin, ist eine Frage des Geschmacks. Ich mag eher die modernen Sachen.

Wir gehen in die neue Küche, die so groß ist wie ein Ballsaal. Er wiegt das Gras und sagt: „ Ich habe gehört, dass ihr weniger als dreizehn Kilo liefern sollt. Ich habe jetzt nicht so viel Geld hier, für die dreizehn Kilo."

Ich schaue Rob an und denke: Shit, da fängt der Ärger wieder an. Bevor ich mich dazu durchringen kann etwas zu sagen, sagt der Mann: „Nein, Scherz", und ein breites Grinsen zeigt sich auf seinem Gesicht. „Ich muss aber eben graben."

Ich gucke ihn verwundert an und frage: „Was musst du? Eben graben?" Prompt fange ich lauthals an, zu lachen. „Laber doch nicht, Mann. Du verarschst mich doch."

„Nein, wirklich, ich mache jetzt einen auf Goldgräber in meinem eigenen Garten." Er läuft zu seinem Schuppen, holt eine Schaufel und läuft in den Garten bis zur Schaukel, die dort für sein Enkelkind steht.

„Hier im Garten", sagt er, „bewahre ich meine Reserven in der Erde. Das ist besser." Er lacht und ich lache mit ihm.

Rob und ich schauen uns an und wissen nicht, ob das jetzt ein schlechter Witz war oder ob er wirklich sein Geld vergraben hat. Und das an helllichtem Tag.

Er läuft zur Schaukel und zählt die Schritte ab: „Zehn Schritte nach rechts", zählt er laut, „dann wieder zwölf nach links und dann wieder fünfzehn nach rechts. Und dann fangen wir hier an zu zählen … das ist eins, zwei."

Rob und ich stehen daneben und schauen ihm ungläubig zu. Nach dem Abmessen rammt er die Schaufel in den Boden. „Ach, erzähl nicht Mann!", rufe ich ihm wieder zu. Ich kneife ihm aus Spaß in die Seite. Ich fürchte, dass er mich wirklich auf den Arm nimmt.

Er beginnt zu graben und als das Loch noch nicht allzu tief ist, sieht er mich kreidebleich und mit verzogenem Gesicht an. Ich frage: „Ist was?"

„Ohje", sagt er, „der Gärtner ist hier gewesen." Und er gräbt hastig weiter, bis das Loch so groß ist, dass man mühelos jemanden darin verschwinden lassen könnte. Aber auf ein Mal zieht er einen großen Müllsack aus dem Boden und sagt: „Ich hab´s!" Er steigt aus dem Loch, schmeißt die Schaufel beiseite, wischt sich den Schweiß von der Stirn und läuft mit dem Müllsack in seiner Hand auf uns zu. Keuchend und japsend sagt er: „Wie viel bekommt ihr noch von mir?" Er öffnet den Müllsack und holt eine Tasche heraus. Jetzt erkenne ich, dass sich der Inhalt der Küchenschublade jetzt in der Tasche befindet.

Er nimmt eine Rolle heraus, beginnt zu zählen und gibt mir das Geld. „Das war doch der Deal, oder?"

„Wunderbar, danke. Möchtest du die nächsten dreizehn Kilo schon mal reservieren?", frage ich ihn.

„Ja, mach mal."

Wir laufen wieder zurück zum Haus.

Er ruft uns noch nach und sagt: „Hey Jungs, könnt ihr eben das Tor zu machen, ich bin völlig fertig."

„Kostet eine Rolle Klopapier", sagt Rob scherzhaft. Wir haben das Tor zu gemacht und sind gegangen.

Die folgenden dreizehn Kilo konnten wir ihm nicht liefern. Zwei Monate später lasen wir in der Zeitung, dass in einer Straße, die uns nicht unbekannt war, ein Mann überfallen wurde. Was allerdings nicht in Zeitung stand war, dass die Diebe 180.000 Gulden in Bar und noch ein Haufen Kohle in anderen Währungen erbeutet haben. Sie haben sein Auto als Fluchtwagen benutzt und so waren sie mit der ganzen Knete über alle Berge. Das Übrige haben wir aus der Szene. Er war so dumm gewesen die Bullen zu rufen, weil er sein Auto unbedingt zurückhaben wollte. Aber ‚wenn die Bullen erst mal anfangen zu graben, wie er zu solch einem 500 SL kommt, während er in so einem „Brennpunkt" wohnt und nebenbei noch eine dicke Villa hat bauen lassen, ja dann schreist du doch nach Schwierigkeiten. Er ist dann natürlich aufgeflogen und sie haben alles beschlagnahmt. Tschüss Villa, au revoir Auto, adieu Kohle und auf nimmer wiedersehen mein Klient.

Aber das Gras aus dem Bunker hat uns genauso viel Freude bereitet wie allen Leuten, die süchtig waren nach meinem Tv-Star Archie Bunker.

15 Hanffabrik

Im Jahr 2000 besitze ich die größte Plantage, die ich je hatte, mit insgesamt sechstausend Pflanzen.

Ich bin auf der Suche nach einem Buchhalter für mein Geschäft, ich schnüffel ein wenig herum und lerne einen gewissen Hans kennen. Er scheint ein guter Buchhalter und Steuerexperte zu sein. Da ich natürlich nicht die Katze im Sack kaufe, verabrede ich mich mit ihm zum Kaffee trinken in einem Ibis Hotel. Wir reden übers Geschäft und ich frage ihn, ob er die Buchhaltung für mich machen möchte.

„Ich bin zwar Steuerexperte", sagt Hans, „aber davon hast du nicht viel in deinem Business." Er lächelt süffisant, während er in aller Ruhe weiterhin seinen Kaffee umrührt, was mich irritiert.

„Aber", spricht er weiter, „es ist einfach praktisch zu wissen, was raus geht und rein kommt."

„Richtig, dann weißt du nämlich auch, ob noch genug übrig bleibt, um dich zu bezahlen", sage ich mit einem Zwinkern.

Hans antwortet sofort: „Ich kümmere mich um einige Dinge für einige Immobilienmakler und die haben noch ein paar Schuppen, die natürlich nichts abwerfen, wenn sie leer stehen."

Hans ist auf den ersten Blick ein ordentlich gekleideter Mann in einem strammen Maßanzug, der nicht auf den Mund gefallen ist. Mit einem seltsamen Unterton sagt er: „Das ist es, was ich meine, eine leer stehende Immobilie bringt nichts und deine Geschäfte könnten für dich, für mich und für meinen Klienten, einen guten Beitrag an unserem Wohlstand leisten."

Ich beginne zu zweifeln. Sitzt hier nicht doch vielleicht eine Art Undercoveragent vor mir? Aus meiner Szene sprechen die Leute nicht von einem „Beitrag leisten an unserem Wohlstand". Wobei es natürlich auch genügend Angeber gibt auf dieser Welt.

„Und was meinst du, wie unser Wohlstand zunehmen könnte?", frage ich ihn und benutze denselben Wortlaut wie er.

„Naja, ich sehe das so. Ich habe ein großes, zweistöckiges Haus, das leer steht. Im obersten Stock sind die Fenster aus Spiegelglas. Eine kleine Wand davor und wir sind für die Außenwelt unsichtbar. Hinzukommt die Tatsache, dass in dem Haus schon ein dickes Stromkabel verlegt ist, was uns wiederum eine hübsche Steigerung unseres Wohlstands verschafft in diesen teuren Zeiten." Währenddessen rührt er immer noch mit seinem Löffel im Kaffee herum.

„Ich bin also ein wenig vertraut mit deinem Geschäft." Jetzt sieht er mir direkt in die Augen. „Es gab dort nämlich schon einmal eine Zucht, aber nach einer Ernte haben sie die Zelte abgebrochen."

„Also waren dort weder Polizei noch Einbrecher?", frage ich.

„Nein, nein. Das war lediglich eine Frage der Miete. Fünftausend Gulden im Monat, dafür kannst du das Objekt auch haben."

„Nett, dass du das eben erwähnst, Hans", sage ich, nachdem er die ganze Sache im Ibis breit getreten hat.

„Oh", sagt er, kurz bevor wir das Hotel verlassen, „bevor ich es vergesse. Die Kaution beträgt zwanzigtausend Gulden, die im Voraus und in bar bezahlt werden muss." Dann steigt er in seinen Sportwagen. „Gut", sage ich, „dann schauen wir uns das demnächst mal zusammen an, würde ich sagen." Und fahre ebenfalls.

Eine Woche später bin ich mit Hans verabredet und ich nehme meinen Kumpel Franz natürlich mit.

Ich bin derjenige, der ständig die guten Standorte findet, aber Franz und ich sind seit unseren Anfängen echte Freunde. Er arbeitet immer mit, wir ernten zusammen, wir können unfassbar gut miteinander quatschen, bezahlen immer halbe- halbe und teilen den Gewinn immer. Wir sind die besten Kumpels.

Franz und ich kommen bei dem Haus an und Hans wartet bereits auf uns. Wir besprechen das ein oder andere, wie die Unkosten, die Anzahl Pflanzen, die wir züchten können, die Risikos. Denn die gibt es natürlich immer und vor allem bei so einer großen Plantage. Nach ungefähr dreißig Minuten haben wir eine Antwort. Wir machen es. Franz und ich werden unsere größte Hanfplantage bauen, die wir je hatten. Sechstausend Pflanzen und die benötigten Lampen, denn sechstausend Pflanzen sind nicht Nichts. Das wird eine komplette Hanffabrik! Wir zahlen unserem Freund Hans zwanzigtausend Gulden Kaution und auch sofort fünftausend Gulden für die erste Miete. Für fünfundzwanzigtausend Gulden bekommen wir den Schlüssel für das Haus. So läuft das hier. Du musst erst säen, bevor du ernten kannst.

Franz, ich und noch sieben andere gute Freunde bauen jetzt erst mal an der Superplantage. Wir schleppen das gesamte Material nach oben und bauen alles auf. Wir brauchen einige Sachen: Dreihundertachtzig Lampen, sechstausend Töpfe, fünfzehn Kisten für die Zu- und Abfuhr der Luft, Regentonne, Blumenerde, flexible Schläuche, Tape, Computer, Steckerleisten und Timer, sechstausend Stecklinge und noch ein wenig Kleinkram.

Es dauert ganze acht Wochen, um mit neun Mann, die Plantage hochzuziehen. Auch der Absicherung des Gebäudes und der Plantage schenken wir unsere Aufmerksamkeit. Dafür haben wir einen Sichtschutz und ein eisernes Gitter aufgestellt, sodass keine Einbrecher reinkommen können. Unten haben wir alles als Büro eingerichtet, inklusive Computer, Drucker, Büromöbel und so weiter. Es sieht professionell aus. Aber es kostet dann auch ein paar Cent. Obwohl, die meisten Sachen haben wir im Second-Hand Shop besorgt.

Und jetzt blühen dort sechstausend Pflanzen und Franz und ich nehmen die Sache äußerst ernst. Dreimal in der Woche fahren wir zusammen hin, um alles zu kontrollieren. Wir müssen auf die Temperatur achten, denn bei dreihundertachtzig Lampen von je sechshundert Watt, ist es ganz schön warm. Manchmal ähnelt es doch sehr einer Sauna. Meistens sind es dreißig bis fünfunddreißig Grad. Man könnte meinen, man ist in Spanien. In der Zwischenzeit haben wir Hans schon wieder zwei Mal fünftausend Gulden Miete bezahlt. Bis jetzt verläuft alles nach Wunsch.

Jetzt, da die Ernte fast vor der Tür steht, müssen Franz und ich das Zuschneiden von sechstausend Pflanzen organisieren. Wir sehen uns nach einem Haus um, in dem wir alles bewerkstelligen können. Wir entschließen uns den Onkel von Franz ins Vertrauen zu ziehen, und ihn zu fragen, ob wir bei ihm die Pflanzen zuschneiden lassen dürfen. Erst als wir ihm einen Obolus versprechen, natürlich in finanzieller Sicht, ist er einverstanden. Jetzt noch die Knipser. Wie viele Knipser braucht man, um sechstausend Pflanzen in einem Rutsch zuschneiden zu lassen? Später sollte sich herausstellen, dass wir nicht gründlich genug darüber nachgedacht haben. Sechstausend Pflanzen sind wirklich verdammt viel. Außerdem machen wir den Fehler alle Pflanzen mit einem Mal abmachen zu wollen.

Den Trockenplatz bei mir auf dem Dachboden haben wir inzwischen vergrößert. Er ist jetzt zwei Mal so groß und ich habe einen großen extra Filter aufgehängt. Meiner Meinung nach ist hier Platz für circa zweihundert Kilo nasses Gras. Trotzdem haben wir laut unserer neusten Berechnung nicht genug Platz auf meinem Dachboden. Wir müssen einen neuen Trockenplatz bauen. Das machen wir bei Franz. Ich sitze im Gestank von zweihundert Kilo nassem Gras auf meinem Dachboden, also muss er da auch durch. Franz hat nichts dagegen. Also, alles klar. Wir sind immerhin Freunde durch dick und dünn und Franz ist genauso geil auf Geld, wie ich.

Ich habe die Knipser von Überall hergeholt. Einige müssen eine Stunde fahren, um zu dem vereinbarten Ort zu kommen, auch „Ort der Tat" genannt. Insgesamt haben wir fünfzig Leute organisiert. Ja, dreißig Männer und zwanzig Frauen! Wir haben ausgerechnet, dass sie alle sechstausend Pflanzen, in ungefähr dreizehn Stunden zuschneiden können müssten. Diesmal sind es auch keine wahnsinnig großen Pflanzen, es müsste also klappen. Um die Pflanzen ernten zu können, sind wir nach unserer Schätzung ungefähr dreißigtausend Gulden los. Für die Knipser, dreizehn bis vierzehn Stunden mal zwanzig Gulden mal fünfzig, das macht schon schlappe vierzehntausend Gulden. Und das nur für das Zuschneiden. Dann kommen noch die Kosten für den Standort, den Transport und so weiter hinzu. Da kommt schon Einiges zusammen. Aber gut, nicht jammern, wir sprechen hier immerhin auch über einen ernst zu nehmenden Betrag, den die Ernte von sechstausend Pflanzen abwerfen soll. Sechstausend Pflanzen mal ungefähr zwanzig Gramm pro Pflanze.

Es ist beinah so weit. Die Pflanzen stehen nach acht Wochen in voller Blüte und sehen schön grün und gesund aus. Mit so viel Erfahrung kann ich das sehen. Unser herrliches Grünes Gold! In der neunten und letzten Woche beschließen Franz und ich, in unserer fantastischen Plantage zu übernachten. So können wir auch sicher sein, dass unsere Pflanzen in der letzten Woche nicht von irgendwelchen Ratten geklaut werden. Montagabend gehen wir zu unserem Palast. Zu unserer eigenen Sicherheit haben wir einige Waffen mitgenommen. Wir schlafen dort immerhin eine ganze Woche lang. Tagsüber gehen wir nach Hause und abends zu unserem anderen Häuschen.

Es ist allerdings schon seltsam, wenn du zu zweit in so einem großen Bürogebäude schläfst, während nebenan deine Hanfplantage mit sechstausend erntereifen Pflanzen steht. Das führt zu Stress. Man schläft nicht viel. Aber zu zweit ist es ziemlich unterhaltsam. Wir haben viel zu lachen.

Freitag. Der Tag der Ernte. Freitags hat die Polizei Stress mit anderen Dingen, darum haben wir uns den Freitag ausgesucht. Franz und ich haben einen Lkw geregelt. Als wir bei unserem Häuschen ankommen, parken wir den Lkw ordentlich am Straßenrand. Wir gehen rein, um die sechstausend Pflanzen abzuschneiden. Wir haben uns darauf geeinigt, während der Hauptverkehrszeit zurückzufahren, weil es dann so viele Staus gibt, dass die Polizei keine Zeit für Kontrollen hat. Wir fahren dann mit dem Strom mit und kein Rauchwölkchen ist am Himmel zu sehen.

Einmal drin, knipsen wir wie die Verrückten drauf los. Es ist viel Arbeit, wenn man zu zweit sechstausend Pflanzen abschneiden muss. Aber dieses Mal, mache ich es mit Freuden selbst und es verschafft einem einen fürchterlichen Kick mit sechstausend Stück Grünem Gold um dich herum. Das Adrenalin strömt durch deinen Körper und man wird gratis stoned durch die Luft, die man ständig einatmet.

Nach ungefähr drei Stunden sind wir fertig. Wir haben die Pflanzen in Kartons und Taschen gepackt und gehen behutsam nach unten. Nach dem Beladen ziehen wir frische Klamotten an und, wie ein paar pubertierender Schulmädchen, sprühen wir uns mit Aftershave ein, um den Grasgeruch wegzukriegen.

„Riechst du was?"

„Nein, du bei mir?"

„Nichts Verdächtiges. Dann nichts wie los."

Wir gehen zur Tür, um den Lkw zu holen. Wir sind gerade zur Tür raus, da steht ein Polizist vor unserer Nase. Wir erschrecken uns zu Tode.

„Guten Tag", sage ich und bleibe ruhig, um zu bluffen. „Kann ich Ihnen irgendwie helfen?"

„Ähm, ja", sagt er, „ich wollte eben nach den neuen Mietern dieser Immobilie sehen. Schön, dass ich Sie antreffe. Ich wollte Sie nur darüber informieren, dass hier in der letzten Zeit regelmäßig eingebrochen wurde. Deshalb bin ich hier. Reine Vorsichtsmaßnahme, also."

„Oh, außerordentlich aufmerksam, dass Sie das sagen. Haben Sie noch Ratschläge zur Prävention?"
Der Beamte sieht mich an und sagt: „Wir sind in den Abendstunden besonders aufmerksam und überwachen mit verschiedenen Autos, die nicht erkennbar sind, die Gegend. Viel Licht in einem Gebäude schreckt die Diebe ab, wenn Sie also über energiesparsame Nachtbeleuchtung verfügen, rate ich Ihnen diese nachts brennen zu lassen."
Ich bedanke mich bei dem Beamten und denke insgeheim: Viel Licht? Wenn er wüsste, wie viel Licht wir hier brauchen. Damit könnten wir sein Büro, tagsüber und nachts, über ein Jahr lang mit Strom versorgen.
„Sorry, aber wir müssen wieder an die Arbeit, wir haben noch einiges zu tun heute", sage ich und Franz fängt an zu lachen.
„Jaaaaa, absolut. Viel zu tun. Schönen Tag noch!", sagt Franz und wir verlassen das nette Arbeitstier und gehen zu einer Pommesbude. Ich sage zu Franz: „Solange unser Freund und Helfer hier rumläuft, essen wir eben ein paar Pommes."
Während des Essens realisieren wir erst, dass wir mal wieder scheiße viel Glück hatten, denn wenn der gute Beamte eine sehr gute Nase gehabt hätte, würden wir hier jetzt nicht mehr sitzen und quatschen.

Nach einer halben Stunde haben wir den Lkw vollgeladen mit Kartons voller Pflanzen. Wir haben keine Zeit zu verlieren, die Knipser sind schon da und wir kriechen im Stau zurück, mit sechstausend Hanfpflanzen im Kofferraum. Das gibt uns einen Kick und wir lachen uns krumm. Wir denken an die Kohle, die auf uns wartet, wenn alles vorbei ist. Aber, man soll den Tag nicht vor dem Abend loben, also erst alles zuschneiden und trocknen.
Es sind fünfundzwanzig Grad, ein Hauch von Sommer. Die Knipser warten schon und ich rede ihnen noch gut zu, bevor sie beginnen: „Okay, Leute jetzt gebt mal Gas. Nicht kiffen, nicht so viel labern, sondern durcharbeiten."
Es verlangt einem doch einiges ab, um fünfzig Leute ans konzentrierte Arbeiten zu kriegen, aber noch mehr, um sie so lange bei Laune zu halten. Der Eine wird schon allein von der Luft total stoned, der Andere wird davon wieder geil. Sie bringen einiges durcheinander, aber wenn sie einmal prima am Arbeiten sind, ist es okay, auch wenn unfassbare Weiber dabei sind, die man am liebsten selbst zuschneiden und scheren würde. Ich bin

mit allem einverstanden, solange sie alles richtig zuschneiden und gearbeitet wird. Und wenn sie während der Arbeit bumsen wollen, bums ich sie raus!

Gegen Essenszeit lassen wir für fünfzig Mann chinesisches Essen kommen. Der Reihe nach machen wir maximal fünfzehn Minuten Pause.

Die Pflanzen scheinen in der Hitze zu lange in den Kartons gelegen zu haben, denn unser K2 Gras beginnt braun zu werden. Hanf ist grün und einmal braun, wie eine Zigarre, fällt der Preis ordentlich und das können wir uns nicht leisten. In den Kartons kam zu wenig Luft an das Gras.
„Scheiße, was jetzt?", fragt Franz.
„Wir werden sehen, was das wird. Jetzt können wir auch nichts mehr daran ändern", urteile ich.

Nach fünf Tagen sind die Wipfel getrocknet. Es sind alles braune Knubbel geworden. Wir beschließen trotzdem, alles einzupacken und einen Käufer zu suchen. Wir müssen damit rechnen es verkaufen zu können, weil wir zweihunderttausend Gulden investiert haben und das Geld erst wieder reingeholt werden muss, sonst ist die Katastrophe nicht mehr überschaubar. Braunes Gras ist wie Dreck. Also fast nicht zu verkaufen, außer wir finden einen Abnehmer, der so viele Junkies als Kunden hat, dass die nicht mal mehr sehen, dass sie braune Scheiße rauchen. Unser braunes Gras wird zu einem beachtlich niedrigeren Preis auf dem Markt zu verkaufen sein, als das schöne grüne Gold. Einige Abnehmer kaufen allerdings alles und ich hoffe, dass ich auch diesen Scheiß bildlich und wörtlich los werde. Ich biete einem meiner Leute einen Sack „Monstermaterial" an: „Ich habe sehr starkes, gesondertes K2 Hanf zum Kauf an", bluffe ich. „Was ist denn das für Gras?", sagt er. „Das habe ich noch nie gesehen. Es riecht so komisch, aber auch ziemlich stark. Ich weiß nicht. Was soll ich damit?"
„Von mir kaufen und weiter verkaufen", sage ich. „Du bist doch hier der Dealer. Komm, biete was und versuch damit Gewinn zu machen. Meinen Segen hast du. Ich will fünfunddreißighundert Gulden pro Kilo."
Insgesamt haben wir glaube ich einundneunzig Kilo. Die ganze Ware muss dann ungefähr dreihundert Riesen abwerfen.

Und das für einen Haufen Unkraut. Eigentlich absurd, dieses Geschäft.

„Ich gebe dir dreitausend Gulden pro Kilo", sagt der Abnehmer.

„Und du kriegst das Geld erst nächste Woche. Du sprichst hier immerhin über viel Geld auf ein Mal, mein Freund."

„Okay", sage ich, „dann haben wir einen Deal. Du hast die einundneunzig Kilo jetzt für dreitausend Gulden pro Kilo gekauft. Ich hole das Gras morgen für dich. Nächste Woche Samstag komme ich, um mein Geld abzuholen. Alles auf ein Mal und damit basta."

Als Franz und ich wegfahren, haben wir doch wieder Spaß. Wer hätte gedacht, dass wir das so schnell, so gut hätten lösen können. Wir haben die Einlagen zurück und einen minimalen Gewinn, aber das ist immer noch besser, als Verlust zu machen. Für das erste Mal mit so einer großen Plantage, mit so viel Kilos und dann auch noch mit braunem Mist Geld machen- da kann man nur lachen, aber dann mit zugekniffenen Arschbacken.

Ab und zu denke ich: Hätte ich doch nur nie mit so einem großen Haufen auf ein Mal angefangen. Der Stress und das Risiko sind groß, dass man für ein paar Hunderttausend Gulden mächtig auf die Fresse fliegen kann. Aber als ich in der nächsten Woche eine Tasche, voll mit Geldscheinen abholen kann, sind diese Gedanken wieder verflogen. Unglaublich, so viel Geld für so viel Unkraut.

Auf in die nächste Runde mit sechstausend Pflanzen. Aber dieses Mal organisieren wir das anders. So braunes Gras wollen wir nie wieder sehen, auch wenn alles gut verlaufen ist und wir die Investition zurück haben, wir hatten doch beide ziemliche Bauchschmerzen dabei. Und dreihundert Riesen, das ist und bleibt viel Geld. Unser wunderbares, braunes K2 Hanf ist drei Mal in Spanien gewesen. Bei den Spaniern war es nicht zu verkaufen und ist dann in England gelandet. Die Engländer haben sich das zu der Zeit noch nicht so genau angeschaut, weil die Nachfrage höher war als das Angebot. Es bleibt halt doch eine Insel. Die Engländer kauften alles, solange man etwas daran verdienen konnte, auch unfassbar schlechte braune Scheiße.

Wir sind in der Zwischenzeit mit der zweiten Ernte beschäftigt. Alles verläuft gut und aufgrund der braunen Scheiße, haben Franz und ich beschlossen die sechstausend Pflanzen auf tausend Stück per Ernte zu reduzieren. Sechsmal Tausend macht auch sechstausend und so können wir das Risiko ein wenig verteilen.

Unser Buchhalter Hans hat wieder zwei Mal fünftausend Gulden für die Miete bekommen, mit ihm haben wir also keine Probleme.

Die ersten tausend Pflanzen sind fertig und können geerntet werden. Alles läuft wie geschmiert. Aber trotzdem ist irgendwann der Wurm drin.

Franz und ich fahren an einem Montag guter Dinge zu unserer grünen Landschaft. Kurz vor der letzten Straßenecke, wo unser Geschäftsbüro voller Pracht liegt, wimmelt es vor dem Haus nur so von einem Berg an Polizei, Zoll und Mitarbeiter unseres Stromanbieters. Wie die Ameisen vor ihrem Bau. Wie ein großer schwarzer Fleck uniformierter Leute. Vor der Tür unseres Büros ist mein VIP- Parkplatz durch vier große Container blockiert. Wie von der Tarantel gestochen sage ich zu Franz: „Scheiße, hier!"

„Verdammte Kacke", reagiert Franz. „Alles weg. Verdammte Scheiße! Warum haben sie uns jetzt schon wieder am Schlafittchen, verdammt?"

In dem Bruchteil einer Sekunde denke ich an all unsere Verluste. Ich sage erst nichts, schaue dann Franz an und sage: „Ich rufe Hans an."

Franz erwidert: „Es wird doch wohl nicht der neue Nachbar gewesen sein, der die Polizei gerufen hat. Er hat mich letzte Woche darauf angesprochen, dass sein Personal das Dach auf seinem Haus erneuert und dass sie Hanf gerochen hätten, und das nicht gerade wenig! Aber ich solle mir keine Sorgen machen, denn er hat schließlich auch mal klein angefangen. Er hat erzählt, dass er früher beinahe alles getan hat, um an Geld zu kommen. Ich habe mir alles gelassen angehört und habe ihm etwas versprochen, wenn die Ernte gut werden sollte. Er dankte mir und sagte, dass das sehr nett sei, da schließlich auch sein Schornstein weiter rauchen müsse, gerade jetzt, wo er ein neues Dach hat."

„Ist das der Kerl, mit der neuen Angeberkarre in der Auffahrt nebenan?", frage ich Franz.

„Ja, der Kleine."

„Schön, dass du mir das jetzt auch erzählst. Aber warum jetzt erst?"

„Ich fand es nicht so wichtig, weil er die Klappe halten würde, vor allem weil ich ihm Geld in Aussicht gestellt habe."

„Oh, also das neue Dach bezahlen wir auch mit."

Angesichts des Ameisenhaufens in den weißen Anzügen rutscht mir das Herz in die Hose. Ich rufe Hans an.

„Mal sehen, was er uns sagen kann", sage ich zu Franz.

„Hallo", höre ich Hans sagen. Er klingt nicht gut. Das ist nicht die Stimme eines selbstsicheren Vermieters, sondern die eines kleinen, mickrigen Kerlchens, der Schiss hat und gerade so ein bebendes „Hallo" aus seiner Kehle presst.

„Hey, Hans", sage ich, „hast du eben Zeit, wir sind bei dir in der Nähe."

„Gut. Komm in mein Büro."

Voll Grauen betrachten wir noch ein Mal unser Haus mit den ungebetenen Gästen davor und fahren dann zu Hans Büro.

Ein wenig später gehen wir in sein Büro, schließen die Tür und schließen ab. Hans sieht, dass ich die Tür abschließe und wird kreidebleich. Er sitzt ein wenig bemitleidenswert in einer Ecke seines Zimmers.

„Junge, Junge, jetzt habe ich die Kacke am Dampfen mit den Immobilienheinis", beginnt Hans. „Die Polizei hat angerufen. Ich muss mich um vier Uhr auf dem Revier melden. Sie haben mein Haus und mein Konto beschlagnahmt."

„Wer? Die Bullen?"

„Nein, nein, der Eigentümer der Immobilie hat es beschlagnahmen lassen", sagt Hans.

„Warum?", frage ich ihn und schöpfe bereits einen Verdacht.

„Mietrückstand, vielleicht?", frage ich Hans und sehe ihn streng an.

„Vierzigtausend Gulden will er von mir haben und hinzukommt, dass ich eine professionelle Hanfplantage in seiner Immobilie gefunden habe."

„Was?", schreit Franz. „Mietrückstand? Und wo ist die Kohle dann geblieben, die wir dir für die Miete gegeben haben, du mieser Bettler?"

„Urlaube, Huren und ein wenig Koks ab und zu, aber vierzig Riesen Mietschulden habe ich nicht, das ist höchstens die Hälfte", verteidigt er sich.

„Ohhhh, na dann geht´s ja noch. Aber jetzt hör mal gut zu Arschloch, wir sind unsere Ware und zweihunderttausend Gulden los und du gehst zu den Huren. Wie gedenkt der Herr Buchhalter, das zu lösen?"

„Ja, das ist doch das Risiko, ich weiß es doch auch nicht!"

„Was Risiko?!", rufe ich. „Wir zahlen anständig die Miete und du gehst Ficken, schön Urlaub machen und ziehst dir ab und zu eine Line rein und wir verlieren alles. Machen das Buchhalter heutzutage so?"

Franz sieht, dass ich auf hundertachtzig bin und um eine Eskalation zu vermeiden, sagt er: „Hans, gib uns die zwanzig Riesen für die Kaution, dann sind wir quitt."

„So war das nicht gedacht", sagt unser Freund Hans, „ich bezahle gar nichts, denn das ist nicht meine Schuld. Ich habe selber schon genug Probleme am Hals." Er fängt an wieder auf stur zu machen.

„Oh nein? Du bezahlst nichts zurück?"

Die Sicherung brennt bei mir durch. Ich laufe wutentbrannt auf ihn zu, zerre ihn von seinem Stuhl und prügel ihn einmal quer durchs Zimmer. Ich stoße und schlage ihn, wo ich ihn zu packen kriege. Wie ein verirrtes Projektil stampfe ich unseren Buchhalter fast in Grund und Boden, aber bevor es komplett aus dem Ruder läuft, greift Franz ein.

„Schluss jetzt. Das reicht, Mann."

Franz reißt mich von Hans los, der wie ein Häufchen Elend unter seinem Schreibtisch kauert. Er bleibt dabei: „Dreckskerl, es ist nicht meine Schuld."

Wir verlassen das Gebäude. Bevor wir nach draußen gehen, trete ich den Mülleimer erst noch durch sein Büro. Ich koche vor Wut. Dadurch, dass so ein elendiger Kerl die Sache versaut, verraucht wieder so viel Kohle.

Geld war bei Hans nicht mehr zu holen, weil er sich schnell verkrümelt hat. Wir sind ihm nie wieder begegnet. Es schien, als ob er vom Erdboden verschluckt gewesen wäre.

Rückblickend betrachtet war es besser so. Er hat mich so beschissen, dass diesem Betrüger in seinem schicken Anzug, schon seltsame und schlimme Dinge passieren könnten, wenn ich ihm noch ein Mal begegnen sollte.

Gesindel verarscht dich während du danebenstehst, aber diese Anzugträger sind die Schlimmsten. Da heißt es: Aufpassen! Jeder Gulden, den du ihnen gibst, kosten dich drei.

16 Erfolgsrezept

Fünf Jahre lang züchte ich jetzt und es sind Jahre gewesen von
Geben und Nehmen, Gewinn absahnen und verlieren. Chancen
zu berechnen, ist beinahe unmöglich. Jedes Mal muss man das
Rad neu erfinden. Die Verluste sind dementsprechend hoch und
die Ausbeute variiert von Mal zu Mal. Hunderttausend Gulden
Gewinn verrauchen schnell, wenn der Verlust bei der nächsten
Zucht zweihunderttausend beträgt. Man muss noch einiges auf
der hohen Kante haben, um die Sache am Laufen zu halten.
Und die Spannung, der Stress werden auf die Dauer zu einem
Lebensstil. Man kann nicht mehr ohne. Das Adrenalin saust
durch den Körper und die Anspannung, die man zwischen Ernte
oder Beschlagnahmung erlebt, ist größer, als sich mit der geilsten
Frau der Welt im Bett zu vergnügen.
Wenn eine Ernte gut verlaufen ist, das Knipsen, Trocknen und
Verhandeln, dann steigt der Drang, um wieder loszulegen
nur noch mehr. Vor allem, wenn die Taschen voller Knete im
Kofferraum deines Mercedes liegen, und nur darauf warten, dass
du alles ausgibst.

Mittlerweile bin ich verheiratet und habe eine prächtige Tochter.
Dann sieht das Leben auf ein Mal anders aus. Papa im Knast
wegen des Züchtens von Hanf, erscheint mir ein gefundenes
Fressen für die Mütter in der Schule. Schau dir die mal an, das
ist die Tochter von dem Kriminellen, der eingefahren ist, weil er
Marihuana gezüchtet hat. Und seine Frau fährt hier jeden Tag
mit dem dicken Auto vor, um das Kind zur Schule zu bringen
und wieder abzuholen. Ich höre die Klatschtanten in der Schule
schon schnattern. Meine Tochter könnte dadurch ernsthafte
Probleme bekommen. Es wird also Zeit sich etwas anderes zu
suchen. Das Fleischwarengeschäft ist allerdings keine Option
mehr. Das ist auch ein einziger Wust und außerdem bin ich zu
lange aus dem Geschäft. Sich dort wieder einen Namen auf
dem Markt zu machen, kostet so viel Zeit und Energie, dass ich
den Rückstand zu den jungen Burschen von heute nicht mehr
einholen kann.

Im Prinzip habe ich vor aus dem Drogengeschäft auszusteigen. Aber eines Tages meldet sich Jan, ein alter Kollege aus dem Fleischwarenhandel, der jetzt im Käsegeschäft ist. Holländischer geht es ja wohl kaum. Er will bei ihm zu Hause mit mir reden.

„Mein Geschäft läuft nicht, ich hab den Arsch voll Schulden und mein Personal habe ich schon entlassen. Mir steht die Insolvenz bevor", erklärt Jan.
„Wie kann man mit einem Käsegeschäft pleitegehen?", frage ich ihn. „Jeder dämliche Bauer frisst sich jeden Tag satt an Käse."
„Wenn du einen Kunden hast, der bankrottgeht und du eigentlich noch vier Tonnen Käse von ihm bekommst, ist es um dich auch geschehen", erklärt Jan enttäuscht. „Da machst du nix dran. Erst hält das Finanzamt die Hand auf, dann die Betriebsvereinigung und als normaler Gläubiger, hast du dann das Nachsehen. Du musst zusehen, wie du zu deinem Geld kommst."
„Scheiße", sage ich zu Jan, „also dein gelbes Gold ist genauso tricky wie mein grünes Gold."
Wir sitzen uns fünf Minuten lang gegenüber und schweigen. Jan sitzt vollkommen desillusioniert neben mir und starrt ins Leere. Dann spricht er weiter: „Ich bin vierhunderttausend Gulden ärmer, ich kann noch nicht einmal für meine Familie einkaufen gehen, verdammt noch mal. Ich bin total im Arsch! Bankrott! Alles weg! Und das alles nur wegen eines Anderen. Sie scheinen das bei dem Betrieb alles so aufgezogen zu haben, dass nicht mal der Zwangsverwalter was rausholen kann. All mein Geld - weg." Er beginnt nervös auf und ab zu laufen. Ich sehe, dass er total feststeckt und mit seinem Latein am Ende ist.
„Und jetzt, wie geht´s weiter?"
Jan sieht mich an und sagt: „Komm mal mit, dann gehen wir in mein Arbeitszimmer."
Wir kommen in eine große Halle, die mit vier großen Kühlräumen ausgestattet ist. Ich erkenne schon wieder sofort die Möglichkeiten und kann mein freudiges Grinsen kaum unterdrücken, aber ich halte die Klappe und frage unschuldig: „Ja, und jetzt? Was willst du hier jetzt machen?"
„Ich habe mich um den Mietvertrag gekümmert und der Schuppen gehört immer noch mir. Uns stört hier also niemand, verstehst du?"
Ich frage unschuldig: „Jan, was meinst du?"

„Gras", sagt er laut. „Kannst du die Kühlräume nicht mit Pflanzen bestücken? Dann machen wir halbe- halbe nach Abzug der Kosten, du die Einrichtung, ich den Strom."

„Oh, minus meiner Investition", sage ich, und stelle mich immer noch ein wenig dumm. „Also muss ich alles alleine bezahlen."

„Ja natürlich!", sagt er. „Ich habe keinen Cent mehr, nach der ganzen Scheiße hier. Aber wir können uns auch so einigen: Das Häuschen und der Strom gehen auf meine Rechnung und du baust und bezahlst alles. Wenn es in der Zwischenzeit schief geht, dann hast du dein Geld in den Sand gesetzt und ich habe die Polizei und die Stadtwerke am Hals. Okay?"

„Ähm, Moment mal, Jan. Eins nach dem andern! Ich muss erst mal schauen, was ich alles brauche, um die Pflanzen in den Kühlräumen anbauen zu können. Immer mit der Ruhe."

Ich laufe herum und schaue mich um. Ich schaue, wo ich die frische Luft ansaugen kann und solche Sachen. Ich habe schon gesehen, dass ich den Hanfgeruch auf den Dachboden blasen kann. Das ist natürlich immer gut, weil Einbrecher immer erst oben an den Rohren eines Hauses riechen. Sie riechen dann, ob die Abluft nach Gras riecht. Wenn ja, bohren sie ein kleines Loch, um zu sehen, wie lange die Pflanzen schon blühen. Wenn die Wipfel dann groß genug sind, kommen die Kerle eben vorbei, um deine Pflanzen mitgehen zu lassen. Diese Ratten! Aber gut, es gibt jede Sorte von Mensch, würde ich sagen. Es passieren so viele Unfälle, wenn sie erwischt werden. Das ist klar. Niemand möchte, dass seine Sachen gestohlen werden. Es gibt Züchter, die ihre Plantage abgesichert haben mit Kameras, stillem Alarm auf ihrem Handy und so was alles. Man muss einfach die Finger von dem Kram anderer Leute lassen. Wenn man das nicht macht, muss man mit den Konsequenzen leben.

Ich habe mir alles schnell angeschaut und sage zu Jan, dass wir das hier ruhig machen können. Nur zu zweit. Wir machen halbe-halbe nach Abzug der Investitionen und ein wenig Miete für das Haus. Der Strom wird normal bezahlt. Das ist hier gut machbar. Er hat hier immerhin sehr günstigen Strom in allen Kühlräumen. Die Preise für den Strom sind wirklich ganz anders in so einem gekühlten Gebäude.

„Gut", sagt Jan, „machen wir. Ich tue ansonsten nichts. Du kümmerst dich um alles. In ungefähr zehn Wochen sehe ich aber das Geld der ersten Ernte."

Ich habe mit dem Umbauen begonnen und in all den Jahren, das erste Mal ohne Franz. Mit Franz ist es nämlich schief gelaufen. Es ist vorbei. Das war noch schlimmer, als eine Scheidung. Wir haben zusammen viel gelacht, viel Stress gehabt und zehn Jahre lang alles miteinander geteilt, abgesehen von unseren Frauen. Es hat ziemlich weh getan bei Franz den Stecker zu ziehen, aber er hat eine goldene Regel gebrochen, indem er unser nasses Gras ohne mein Wissen verkauft hat, und den Gewinn in die eigene Tasche gesteckt hat. Das hat mich fertiggemacht, aber ich musste einen klaren Schlussstrich ziehen. Wenn man ein Mal betrogen wurde, ist das Vertrauen einfach weg und zusammen funktioniert es nicht mehr. Ich hatte keine andere Wahl. Ich kam erst später dahinter, dass er das nasse Gras verkauft hat, und das ist auch gut so. Es wäre nicht gut mit ihm ausgegangen, wenn ich ihn auf frischer Tat erwischt hätte. Mein Vertrauen in aufrichtige Freundschaft ist seitdem auch gegen null gesunken.

Nach vier Wochen Arbeit sind die Kühlräume ordentlich vollgestopft mit siebenhundert Pflanzen. Ich rufe Jan an und frage, ob er eben Zeit hat, um sich alles anzuschauen. Nichts ist kaputt oder wurde nachgerüstet. Es wurden keine Löcher in die Wände gebohrt oder Sonstiges. Wenn man es nicht wüsste, würde man glatt glauben, dass es stinknormale Kühlräume sind. Innerhalb einer Stunde ist Jan da. Diesmal habe ich ein Teichsystem gebaut. Es ist sehr simpel und schnell fertig. Man legt eine Teichplane auf den Boden, setzt die bepflanzten Töpfe in den Teich und die Pflanzen nehmen sich selbst so viel Wasser, wie sie brauchen. Drei Mal in der Woche fünfhundert Liter Wasser in den Teich einlassen, ein paar Nährstoffen dazu und die Hanfpflanzen wachsen wie Unkraut und fertig.

Die Zucht verläuft in aller Ruhe, außer dass Jans Frau anfängt, rum zu stressen. Das Interesse der Medien an Marihuana hat zugenommen. Jans Frau ist dahinter gekommen, dass die Kühlräume voller Gras sind und sie hat ordentlich getobt. Sie hatte Angst, dass Jan in den Knast kommt und dass sie dann alleine dastehen würde.
„Du willst doch deine Einkäufe erledigen können oder?", habe ich zu ihr gesagt. „Jan hat nichts mehr und jede Woche fliegen neue Rechnungen ins Haus. Er hat keine Wahl. Entweder pleitegehen oder mitmachen, denn wenn Jan pleitegeht, zieht er dich und die Kinder mit runter." Meine Ansage zeigt ihre

Wirkung. Sie wird den Mund halten und erteilt schweigend ihre Zustimmung.

Jan und ich haben abgemacht, dass wir das ein Jahr lang machen und dann ist Schluss.
Die erste Ernte ist nicht normal! Bei keiner einzigen Zucht habe ich solche dicken Wipfel gesehen. Das Züchten in Kühlräumen erweist sich als Erfolgsrezept. Die Temperatur bleibt in einem Kühlraum konstant und das ist großartig für das Wachstum. Die minimal Temperatur beträgt ohne Lampen achtzehn Grad und mit angeschalteten Lampen maximal dreißig. Das sind die besten Temperaturen für eine Hanfpflanze. Sie ähneln Cola Flaschen, so groß sind die Wipfel.
Ich habe wieder dieselbe Gruppe Knipser organisiert. Die Pflanzen werden auf meinem Dachboden zugeschnitten und getrocknet. Mir fällt ein Stein vom Herzen, denn das ist die erste Zucht, die ich ganz alleine finanziert habe. Zwar kein Franz, aber ein Partner, der so arm ist, wie eine Kirchenmaus.
Die Knipser holen zwei Eimer voll Wipfel aus jeder Pflanze. Das ist wirklich eine Sache für sich, unfassbar. Das Gras ist fertig für den Verkauf.

In den Niederlanden wird das beste Gras der Welt gezüchtet, mit dem höchsten THC- Anteil. Je mehr THC (Tetrahydrocannabinol) in einer Pflanze, desto stärker wird man high.

Die erste Ernte in unserem Kühlraum haben wir überlebt. Jan und ich haben inzwischen alles nett verrechnet und abgearbeitet. Die Konkurrenz wird stärker und die Späher verfügen über immer bessere Mittel, um mein Geschäft durcheinanderzubringen.
Auf dem Bau wird mehr über Gras gesprochen, als über Fußball und geile Weiber. Ich kenne ein paar Jungs vom Bau und die behaupten, dass praktisch jeder begabte Bauarbeiter eine eigene Plantage hat. Holland ist eine einzige große Plantage geworden. Vielleicht wäre es mal eine Idee, eine einzige große Lampe über Holland aufzuhängen?
Die Gespräche auf dem Bau reichen von: „Wie viele hast du?" bis hin zu: „Wie viel Kilo holst du raus?"
Und, fair ist fair, Bauarbeiter können sehr schöne Plantagen bauen und das auch noch schnell. Die Schwarzarbeit für eine Dachkapelle hat sich nach draußen auf das Gerüst verlagert, und

man diskutiert darüber, wer jetzt wieder so eine schöne Plantage zimmert.

Niemand hat das Gefühl, dass das Züchten von Gras illegal ist und laut Gesetz, als ein Krimineller angesehen wird. Es geht doch nur ein um das Züchten von ein paar Pflanzen? Oder nicht?

Viel später, als die Polizei und die Medien dem Hanfhandel mehr Aufmerksamkeit widmeten, dachten einige, die große Pläne hatten, etwas anders über die Sache. Dann geht es beinahe „ein Stück zu weit".

17 Marbella

Nach all den Jahren Stress und Anspannung verdient man auch mal einen ausgedehnten Urlaub. Marbella ist zu der Zeit sehr angesagt und jetzt, da Jans Frau wieder ihre Einkäufe erledigen kann, findet sie eine Auszeit besonders toll. Viele unserer Kollegen haben das Geld aus ihren Marihuanageschäften in ein Urlaubshaus in Marbella investiert und dort führen sie ein unauffälliges Leben. Naja, was heißt unauffällig. Sie fliegen unter der Woche hin und her, um ihre Geschäfte zu erledigen. Nirgendwo ist so viel Marihuanageld investiert und in Umlauf gebracht worden, als in Marbella. Jan und ich haben uns also auch mal umgeschaut.

Wir sitzen in einem der besten Hotels in Marbella. Alles sieht so umwerfend aus. Wie in einem Märchen. Wenn man viel Geld verdient und in Marbella verweilt, dann will man mit dem Strom schwimmen und dann fühlt man sich tatsächlich ein bisschen wie ein Millionär. Man trifft alle möglichen Leute, von schweren Kriminellen über berühmte Fußballer bis hin zu Paris Hilton. Einfach nur großartig. In der Discothek Olivia und dem Beach Club Nikki-Beach laufen die wildesten und geilsten Frauen der ganzen Welt rum.
„Das ist es, das ist der Himmel auf Erden."
„Absolut", sagt Jan, „nicht zu fassen. Drinks, Drugs, Sonne, schöne Frauen und Kohle genug. Was will man mehr?"
Ein Ferrari nach dem anderen fährt hier vorbei, als ob es Fiat Pandas wären. So ein Ferrari ist auch mein Traumauto, aber ich weiß (noch) nicht, wie ich das anstellen soll.
 Man lebt da den ganzen Tag wie in einem Traum. Man wird total verrückt von dem ganzen Luxus um einen herum. Da stolziert man mit seiner Frau zwischen all den Millionären entlang und benimmt sich, als ob einem die Welt zu Füßen liegen würde. Ich selbst habe auch eine hübsche, liebe Frau und dann fühlt sich das Ganze noch besser an. Dann gehört man dazu und ist nicht der Depp vom Dienst.

Rolex um, kurze Hose und Turnschuhe angezogen, auf dem Weg zum Hafen von Puerto Banus an den Jachten von fünfzig Millionen pro Stück vorbei schlendern und so tun, als ob eines davon mir gehört.

Sehen und gesehen werden ist immer noch das Motto und das ist zum Schießen.

Während wir so durch die Gegend laufen und genießen, frage ich mich, wie viele Plantagen ich noch bauen müsste, um mir so ein Boot kaufen zu können. Irgendwas mache ich wohl immer noch falsch, denn ich habe nicht mehr, als eine schöne Frau, eine fette Rolex, italienische Maßanzüge und einen fetten Mercedes unter meinem Hintern. Aber gut, wir lassen uns vom Strom mitreißen und lassen es uns dann auch nicht nehmen, einen exklusiven Wein für fünfhundert Tacken die Flasche zu bestellen und mehr als tausend Gulden für ein Abendessen auszugeben. Das gehört einfach dazu. Das nenne ich mal Urlaub. Geld spielt dann mal keine Rolle und feiern bis zum Morgengrauen ist eher die Regel, als die Ausnahme.

„Einfach die Sau raus lassen!", ist meine Devise, auch während des Urlaubs.

Später werde ich dieses Leben ab und zu vermissen.

Ich habe zweimal so schnell gelebt wie andere. Wenn ich hundert werden würde, würde die Kerze bei diesem Tempo mit fünfzig erlöschen, hat mir der Arzt irgendwann mal gesagt.

Ich vermisse Franz und noch ein paar andere Kerle aus der Szene. Dass man es kann und dass man es hat, ist schöner, wenn man es zeigen kann. Dann gilt: geteilte Freude ist doppelte Freude. Kann man das nicht, macht es keinen Spaß mehr.

Nach dem Abenteuer in Marbella kehren wir nach Hause zurück. Ich gehe eben im Growshop vorbei, um zu sehen, was es alles für neue Techniksachen gibt.

Spanien war ein teurer Spaß und man kann nicht immer nur Geld ausgeben. Meine Eltern habe ich bei meinen vielen Reisen nach Spanien auch einmal mitgenommen und das verschafft einem einen extra Kick. Ich darf dann für einen kurzen Moment den Luxus und das Sich-Verwöhnen-lassen, mit ihnen teilen. Es ist schön, wenn man das seinen Eltern ermöglichen kann.

Mein Vater hat dann immer gesagt, während er mit dem Kopf schüttelte: „Junge, was man hier alles sieht, ist doch nicht die Realität. Es ist nur wenigen Menschen vorbehalten, so viel Geld im Leben zu verdienen."

„Stimmt", sage ich dann, „aber es macht das Leben doch um einiges einfacher, das bisschen Geld."

Jan hat inzwischen mit anderen Sachen angefangen. Aber auch das macht er mal wieder nicht sehr geschickt. Er ist verwickelt in der ein oder anderen düsteren Betrugsgeschichte. Wie das genau aussieht, weiß ich nicht, aber die Bullen sind mehr, als normal an ihm interessiert und die Verdächtigungen nehmen zu. Sein Telefon wird abgehört und die Bullen kriegen die Gespräche zwischen mir und Jan mit. Eher ungünstig! Ich habe nichts mit der Sache von Jan zu tun, aber durch die Telefongespräche werde ich langsam zu einem Verdächtigen bei der Polizei. Auch privat schaue ich mal bei einem Mann vorbei, der in einem Growshop arbeitet, was auch wieder Aufmerksamkeit erregt.

Meine schönen Pflanzen in den Kühlräumen von Jan tauchen auch mal in einem Gespräch auf und ich gehe davon aus, dass diese Gespräche immer vertraulich sind. Den Ort erwähne ich nie und auch nicht, wer mein Partner ist, nur dass das gut in einem Kühlraum funktioniert, kommt zur Sprache. Es ist eins dieser Gespräche, die Männer untereinander schon mal führen, mit einem Drink und einem Joint dabei. Da ist nichts Schlimmes dran.

Jetzt will die Polizei den Growshop verbieten, weil der Verkauf sich ausgedehnt hat auf den Verkauf von Stecklingen und das ist gegen das Gesetz. Die Polizei hat in dem Growshop Abhörgeräte aufgehängt und Kameras installiert und ein Ermittlungsverfahren wurde eingeleitet. Zur Unterstützung der Abhörtechniken haben sie auch noch ein Team Undercoveragenten eingesetzt, die Pflanzen und Ware kaufen. Mein Bekannter, Ron, der in dem Growshop arbeitet, hat einem Freund in seinem Schuppen, direkt unter dem Mikrofon der Bullen, sehr plastisch erzählt, dass ich in einem Kühlraum, Gras so groß wie Cola Flaschen gezüchtet habe. Und dann macht eins und eins irgendwann zwei!

Seit diesem Moment werde ich klammheimlich verfolgt und bin nun auch Bestandteil des groß angelegten Ermittlungsverfahrens. Wochenlang wurde ich durch ein Observationsteam beschattet, wovon ich nichts bemerkt habe, abgesehen davon, dass mich eine attraktive Frau in einem Café angesprochen hat. Als ich mich später bei der Dienststelle melden musste, stellte sich heraus, dass sie Polizistin war.

Die Zivilpolizisten sehen mich natürlich auch, wie ich dreimal die Woche in Jans Betriebshalle gehe und wie ich eine Stunde später wieder rauskomme. Meine Bekannten aus dem Growshop haben meinen Namen in einem einzigen der abgehörten Gespräche genannt und die Polizei weiß dadurch, dass Jan und ich Kühlaktivitäten entfaltet haben. Normalerweise bin ich immer vorsichtig, aber diesmal hat meine weiße Weste durch eigene Unaufmerksamkeit und Unvorsichtigkeit und durch den Kerl aus dem Growshop, einige hässliche Flecken bekommen. Bullen sind auch nur Menschen, die für ihren Boss arbeiten. Und so ein Marihuana-Kleinkram ist wieder was etwas anderes, als einen Strafzettel auszustellen. Trotzdem sind Polizisten und Ermittler komische Menschen.

18 Städtetrip nach Moskau

Wir beschließen mit vier Mann nach Moskau zu fahren,
Ron, Bart, Jan und ich. Ron und Bart sind die Kerle aus dem
Growshop.
Bart hat Bekannte in der Stadt und die haben ihn schon oft
gefragt, wann er endlich mal mit ein paar Freunden zu Besuch
kommt, für ein Wochenende voller Spaß und um sich Moskau
einmal anzusehen.
Drei Tage Spaß sonst nix. Keine Geschäfte, keine Kontakte
knüpfen, einfach mal einen drauf machen, ohne ständig über
Gras zu quatschen. Man weiß ja nie bei den Russen.
Ich packe meinen Koffer, drehe ein paar Joints, denn die nehme
ich wegen meiner Rückenschmerzen mit. Laut Bart ist das kein
Problem! Ich verstecke sie trotzdem lieber in meinem Tabak.
Dann bin ich startklar.
Auf dem Hinflug sitze ich im Flugzeug neben einem Russen,
der mich sofort blöd von der Seite anmacht. Ich spreche kein
Russisch und er nur ein bisschen Englisch, aber ich verstehe,
dass er einen Whisky mit mir trinken will: „Kamerad, you and
me, come, drink whisky, no wodka!"
Ich mache natürlich fröhlich mit! Es ist gerade mal zehn Uhr
morgens und ich werde jetzt auf nüchternen Magen meinen
ersten puren Whisky runterkippen. Das Glas ist in einem Zug
leer. So ist das, aber bevor ich mein Glas leer habe, macht der
Russe es schon wieder voll.
„Come, drink", und er wird mit jeder Minute fröhlicher. Er
klingt aggressiv, aber mir scheint, dass durch die tiefe Stimme,
alle Russen so klingen. Mit einem Mal wird mir speiübel und
das zweite Glas auf nüchternen Magen habe ich nicht runter
bekommen. Ich gehe auf die Toilette und übergebe mich. Ich
sehe den gesamten Whisky und ein Stückchen Fleischrolle vom
Vorabend in dem stählernen Klo schwimmen.
Aber gut, vor der Landung fühle ich mich zum Glück schon
wieder besser. Wir steigen aus und laufen mit der Masse
in Richtung Zollkontrolle. Als wir anstehen und auf den

Zoll warten, sagt Ron auf einmal zu mir: „Wetten, dass wir rausgezogen werden! Wetten?"

Die Polizei in Russland wusste, dass wir kommen! Aber das wussten wir natürlich nicht. Sie hatten einen Anruf von der niederländischen Polizei. Barts Name wurde sechs Mal eingegeben und der Zollmitarbeiter sieht Bart streng an. Bei diesem Zollbeamten schrillen bei mir alle Alarmglocken, denn innerhalb kürzester Zeit kommt auch noch jemand hinzu, der eine höhere Stelle inne hat, um sich das alles anzusehen. Diese Art Typ findet man noch in den alten James Bond Filmen. Regenjacke an, ein Hut auf dem Kopf und so dünn, wie ein Streichholz. Ich habe bei der ganzen Sache ein flaues Gefühl in meiner Magengegend, aber sehe den Kerl zum Glück nicken, als Zeichen, dass Bart gehen darf. Ich schaue Bart an und sage: „Das ist nicht gut, was war los?"

„Warum?", sagt er scheinheilig, „Vielleicht stehe ich ja als gesuchte Person auf der Liste von Interpol." Er lacht. Die russischen Polizisten tragen diese großen Mützen auf dem Kopf. Das erinnert mich immer an Karneval. Und dann noch diese Kalaschnikows, um einen herum. In Moskau latscht man nicht einfach mal so durch die Gegend. Ich kenne diese Sorten Russen aus Filmen und denke, dass es nicht gerade die freundlichsten Gesellen sind.

Bevor Ron seinen Satz beendet hat, zeigt ein mageres Gerippe mit einer viel zu großen Mütze auf seinem Kopf, auf mich und sagt: „You ... come", und mit seinem Zeigefinger macht er so eine Komm-du-mal-eben-hierher-Bewegung. Es scheint, als wären wir mitten in einem Film gelandet, mit uns in den Hauptrollen.

Währenddessen hat man in den Niederlanden eine groß angelegte Ermittlung eingeleitet, die, wie sich später herausstellte, schon Monate lang in vollem Gange war. Sie haben uns im Visier und fanden es anscheinend nötig die Russen darüber zu informieren. Ich bin offensichtlich in irgendetwas hinein geraten, womit ich absolut nichts zu tun habe. Aber versuch das Mal der Polizei in Russland weiszumachen und jetzt behandeln sie mich, als wäre ich einer der größten Verbrecher der Niederlande.

„Okay", sage ich so cool wie möglich und laufe in seine Richtung, zu dem Tisch, auf den ich meinen Koffer legen soll. „You, suitcase … open … now", sagt er. Er wiederholt diesen Satz noch einmal. Scheiße, spukt es mir durch den Kopf. Die Joints sind unten in meinem Koffer, in dem Tabak. Ich kriege eine scheiß Angst. Fuck. Nee, oder?! Ich sehe Sibirien schon vor mir. Das geht schief! Wie rede ich mich da nur wieder raus? Ich schaue auch ab und zu fern, Gefangen im Ausland in SBS 6. Und darum weiß ich, dass die Gefängnisse in Russland keine Hiltonhotels sind und noch nicht einmal so wie der Knast in Bijlmer. Die Vogelscheuche fragt in Steinzeit Englisch: „Hasj, cocaine, xtc?"

„No sir, nothing, nothing! No drugs! We are here only for holiday!"

Ich habe die drei Joints schön weit unten im Tabak versteckt, dann wieder Tabak drauf getan und in einer dichten wiederverschließbaren Plastiktüte in meinen Koffer getan.

In dem losen Tabak habe ich ein paar ungeöffnete Päckchen Marlboro gestopft, damit es nicht aussieht, als ob alles direkt aus dem Dutyfree-Shop kommt. Laut Freund Bart, konnte ich einfach ein paar Joints nach Russland mitnehmen, weil er dort immerhin Freunde hatte und die hatten, laut ihm, alles mit dem Zoll geklärt. Ja, ja. So viel dazu!

Das Gerippe sieht mich an und sag: „Open suitcase now."

Ich kriege wirklich beinahe einen Herzinfarkt und kriege den scheiß Koffer nicht mehr auf.

„You … open … now … quick … now", sagt der Mann schon wieder bedrohlich. Ich piss mir fast in die Hose und stehe mit dem Rücken zur Wand. Mein ganzes Leben zieht an mir vorbei, fast so etwas wie bei einer Nahtoderfahrung. Meine Frau, mein Kind, meine Eltern, was tue ich ihnen nur an! Für ein paar Tage Spaß in Moskau und einem Joint für mich selbst. Wie konnte ich denken, dass ich so was einfach mal so mit nach Moskau nehmen kann! Zum ersten Mal, ekel ich mich vor mir selbst. Was bin ich doch für ein naiver Schlappschwanz. Was bin ich nur für ein dummer Sack, dass ich blindlings auf das vertraue, was Bart gesagt hat. Und ich dachte auch noch, dass es sicher wäre. Wie konnte ich nur so naiv sein?

Ich rufe Rob und sage: „Ich kriege den scheiß Koffer nicht auf, hilf mir doch mal. Ich flippe hier gleich aus, ich raffe hier gar nichts." Ich versuche das mit einem unauffälligem Grinsen zu sagen, um keinen Verdacht zu wecken, aber von dem negativen

Stress scheiß ich mir fast in die Hose. Währenddessen, kommt noch so ein Kerl angerannt. Er stellt sich neben die Regenjacke. Nach einigem Gefummel springt der Koffer auf. Klick-klack, und der Kerl starrt auf einen Stapel Unterhosen, die meine Frau liebevoll gebügelt und eingepackt hat.

„Out", sagt das magere Geripppe, „everything out … Now." Und er gräbt sich durch meine Unterhosen. Ich stapel sie ordentlich auf dem Tisch und er faltet eine nach der anderen auf, begutachtet sie und sagt auch noch: „Nice underwear, you, sexy man." Er zieht dabei eine fiese Grimasse, wodurch seine ekelhaften, verfaulten Zähne zu sehen sind. Stück für Stück hole ich alle Sachen aus meinem Koffer, während sich die Vogelscheuche sich durch alles hindurch wühlt und neben meinen Koffer auf einen großen Haufen schmeißt.

„What is this?"

Ich sehe, dass er meine wiederverschließbare Plastiktüte gefunden hat. „Cigarettes from Holland. Look, all closed, not open."

"Okay, okay", sagt er und legt die Tüte beiseite. Er sucht weiter und findet ein Päckchen Paracetamol. „Ah, xtc?"

„Nee Mann, no", druckse ich. „Das sind Pillen für meine Bandscheibe." Ich reibe mir mit schmerzverzerrtem Gesicht den Rücken.

„Okay, okay", sagt er wieder.

Ich habe noch eine große Tüte Bonbons aus Holland mitgenommen. Daraufhin sage ich sofort zu dem Beamten: „You want sweet, candy, from Holland. Yes? You want?"

Dann langt er wieder in die Tüte und der Samson Tabak kommt zum Vorschein. Der Kerl sieht mich an und fragt: „What is this?"

„Tobacco from Holland … Good … from Theodoor Niemeyer", und ich rede einfach drauf los. Ich hole ein wenig Tabak heraus und ziehe mir was durch die Nase.

„Hmmm", sagt er, „Real Tabacco from Holland?"

„Yes … from Holland."

Er murmelt zu seinem Kollegen etwas auf Russisch. Ich spreche kein Russisch, aber aus den Worten des Kollegen der Vogelscheuche, meine ich herauszuhören, dass das Tabak ist und kein anderes Zeug.

„Okay, you put your goods back in the suitcase and go", mit seinen Händen macht er eine Bewegung, die mir bedeuten soll, dass ich meinen Krempel aufräumen soll. Und das tue ich nur allzu gern. Ich schmeiße meine Unterhosen, Hosen und den Rest halsüberkopf in den Koffer, schmeiße die Klappe zu und reiße den Koffer an mich. Ich falle fast über meine eigenen Füße, weil ich so schnell wie möglich hier weg will.

Während ich wie ein zerstreuter Professor zum Ausgang trotte, fallen alle meine Klamotten raus und wie ein Schuljunge, suche ich alles wieder zusammen. Währenddessen sehen mich die Russen nur stoisch an. Weg hier, raus hier, ich brauche dringend Sauerstoff, damit sich mein Herz wieder ein bisschen beruhigt. Der Rest wartet draußen schon eine ganze Weile auf mich.

„Wo bleibst du denn Mann?", fragt Bart, der inzwischen neben seiner russischen Freundin steht. Sie sagt: „Hello, I´m Davida. Three guys are … you not … I wait very long. Why?"

"I escaped from death in Syberia", antworte ich.

Sie sieht mich mit ihren großen russischen Augen an, die so groß waren, wie ihre Titten. Ich erzähle ihr, was passiert ist und Davida erklärt mir, welche Strafen auf den Besitz eines Joints stehen: „Fifteen years Syberia!" Sie beginnt zu lachen. Ich fühle, wie das Blut wieder aus meinem Körper weicht.

Zwei Jeeps stehen bereit und Freunde von Bart bedeuten uns einzusteigen. Ron und ich in den einen und Jan und Bart in den anderen. Als wir einsteigen, sehe ich, dass bei beiden eine ziemlich große Knarre in der Hose steckte. Als sie einmal im Jeep sitzen, legen sie sie ins Handschuhfach. Es sind russische Knarren mit einem langen Lauf. Sie passen gerade so ins Handschuhfach. Wunderbar, denke ich, wir sitzen hier in Russland und unser Fahrer hat eine Waffe bei sich. Das kann ja was werden. Hinzu kommt auch noch dieses Pisswetter, es schneit und stürmt. Ich krieg hier wirklich die Krise. Schön, so ein Trip nach Moskau! Und was für angenehme Freunde hat doch unser Bart! Ich schaue aus dem Autofenster. Was für ein ungemütliches, beschissenes Land und was für eine langweilige, kalte, antike Aussicht. Ist das Moskau? Erst wird man herzlich willkommen geheißen von so einem Gerippe, das einen zu Tode erschreckt und dann zwei gratis Bodyguards mit einer kleinen Kalaschnikow im Handschuhfach. Und ausgerechnet wir fahren hier her?

Mir ist kalt, ich kriege Bauchkrämpfe und ich zittere mehr, als der Kerl aus dem Growshop, der immer völlig high sein Zeug vertickt. Wir fahren durch Moskau mit zwei Waffen und ein bisschen Gras an Bord und erklär das mal einem russischen

Richter, wenn was passiert. Bei diesem Gedanken wird mir mit
jeder Minute schlechter. Wir kommen bei dem Hotel an und
es sieht noch schlimmer aus, als in dem Randbezirk, wo die
Bündel Geld in Küchenschubladen lagen. Nachdem wir vierzehn
Hotels begutachtet haben, finden wir ein Hotel, das nicht ganz
so schmutzig ist und auch noch bezahlbar. In der Zwischenzeit
werden wir auf eine ziemlich unangenehme Weise verfolgt. Dass
unsere Stoßstangen nicht zusammenkleben ist ein Wunder.
In dem Hotel muss ich meinen Reisepass abgeben, um
einzuchecken. Ich kann das beschissene Ding nicht finden, das
treibt mich schon wieder zur Weißglut. Der Schweiß bricht
aus. Durch den Stress am Flughafen mit dem Gerippe habe ich
wahrscheinlich meinen Reisepass dort vergessen. Er hatte den
Reisepass dem Kerl bei der Passkontrolle gegeben und dann
habe ich vergessen ihn wieder mitzunehmen. Nach seinem „Go"
bin ich wie von der Tarantel gestochen nach draußen gestürmt
und in der Eile, habe ich meinen Reisepass dort einfach liegen
gelassen. Wieder mal geht ein Ruck durch meinen Körper. Wir
rufen Davida an. Sie beruhigt mich: Morgen fahren wir einfach
schnell zum Flughafen und wenn das nicht klappt ins Konsulat.
Der Flughafen verfolgt mich, allein der Gedanke daran, dass
ich demselben Kerl schon wieder über den Weg laufe, jagt mir
Todesangst ein. Aber es muss sein, sonst komme ich gar nicht
mehr nach Hause. Im Hotel sitzen wir am Abend zu viert auf
dem Zimmer und nach all dem Stress will ich eine Tüte drehen.
Ich sehe den Joint unter dem Tabak hervorstechen. Das ist
einfach noch besser, um runter zu kommen. Ich stecke den Joint
an. Ron springt auf mich, wie ein Besessener und schreit: „Mach
den Scheiß aus, weg damit. Hier, mit all den Rauchmeldern! Und
es wimmelt hier überall von Polizisten." Er hat recht, aber ich
werde durch das Gerede von Ron, allmählich wirklich paranoid.
„Komm her mit dem Scheiß." Er zieht mir den Joint aus dem
Mund, holt die anderen aus dem Tabak und spült alles die
Toilette runter. „Fertig", sagt Ron. Es ist ein Entschluss, den ich
nachvollziehen kann. Jan bleibt die Ruhe selbst. Er trinkt nicht,
raucht nicht, poppt keine fremden Frauen und bleibt ruhig.
Wir schlafen im selben Zimmer. Er schläft mit seinen fünfzig
Jahren immer noch in der Fötusstellung und wenn ich ihn
morgens wecke, liegt er immer noch so da, wie er am Vorabend
eingeschlafen ist. Als ich gerade eingeschlafen bin, rüttelt mich
Ron mitten in der Nacht wach. Er ist verrückt geworden und

sagt: „Da steht schon die ganze Nacht ein Auto vor der Tür, um uns zu beobachten, schau doch mal. Das geht nicht gut! Voller Panik habe ich am frühen Morgen meine Frau angerufen und ihr alles erzählt. „Immer mit der Ruhe, alles wird gut. Geh zum Flughafen, bleib ruhig und hol deinen Reisepass ab. Und danach kommst du so schnell wie möglich wieder nach Hause. Dann hole ich dich in Schiphol wieder ab." Und sie beruhigt mich wieder.

Am Flughafen angekommen, während uns das Observationsteam die ganze Zeit gefolgt ist, kann ich mit Davidas Hilfe meinen Reisepass wieder abholen. Ich sehe auf den Anzeigetafeln, dass an diesem Tag vier Flüge nach Amsterdam gehen. Ich gehe zum last- Minute Schalter und tatsächlich, es gibt noch Plätze, um am selben Tag zurückzufliegen. Das wäre wirklich wunderbar! Nach Hause, raus aus dem kalten, unangenehmen scheiß Land. Ich zögere nicht einen Moment lang und als ich zurückkomme, sage ich den Jungs im Hotel: „Ihr müsst selber wissen was ihr macht, aber ich für meinen Teil, fliege heute noch zurück. Es interessiert mich nicht, was es kostet, ich will einfach nur raus hier aus der ganzen Scheiße." Die Jungs sind einverstanden und wir fliegen noch am selben Tag nach Hause. Davida haben wir unsere letzten Rubel in die Hand gedrückt.
Wir müssen vier Stunden auf unseren Flug warten, aber das nehmen wir gerne in Kauf. Dass wir so schnell wieder nach Hause fliegen, ist natürlich verdächtig. Vor allem mit einem neuen Ticket. Aber wir haben keine Lust mehr auf Moskau. Auch am Flughafen werden wir die ganze Zeit durch die Polizei beschattet. Als wir mit unseren Koffern in der Schlange stehen, um Russland zu verlassen, kommen die Zollbeamten wieder auf Ron und mich zu. Reisepasskontrolle. Ich gebe meinen Reisepass ab und er sagt mir in gebrochenem Englisch sofort, dass ich mitkommen soll. Ich gehe mit ihm mit. Jetzt muss ich keine Angst mehr haben. Ich gehe nach Hause und komme nie wieder nach Russland zurück. Wer kann mir schon was anhaben? Der Mann vom Zoll, der mich noch nie gesehen hat, sagt: „You like Russia?"
„Yes, very nice!", schleime ich.
Er schaut mich an, packt mich am Arm und sagt mit einem seltsamen Ausdruck in seinen Augen: „Next time when you come to Russia, not so nice for you!"

Was zum Teufel soll das denn jetzt? Er kennt mich noch nicht mal. Oder doch? Hier läuft definitiv etwas falsch. Ich will so schnell wie möglich weg hier, bevor sie noch auf andere Gedanken kommen.

Minuten kommen mir vor wie Stunden. Es ist noch lange nicht Zeit zum Boarding. Wir werden die ganze Zeit beobachtet. Das ist kein schönes Gefühl, das kann ich dir sagen. Wir sind darum noch nie so glücklich gewesen um letztlich auf der Fluggastbrücke unserer Airline, die niederländische Flugbegleiterin zu sehen. Wir kommen allerdings erst zur Ruhe, als wir fühlen, wie sich die Räder des Flugzeugs einklappen.

In Schiphol angekommen fragt mich der Zollbeamte: „Haben Sie etwas zu verzollen?"

Ich antworte: „Ja, ich möchte angeben, dass ich eine sehr tolle, hübsche Frau habe, die hinter der Glasfront steht und auf mich wartet." Er grinst und ich darf durchgehen zur Eingangshalle.

Dort schließe ich meine Frau in die Arme. „Hey, Mr. Silver Haze, willkommen zu Hause!", scherzt sie.

Ich liebe Holland und meine Frau jetzt noch mehr als je zuvor.

19 Loveparade in Berlin

Als ich zu Hause auf der Couch liege und mich noch von
unserem Trip nach Moskau erhole, sehe ich im Fernsehen einen
Bericht über die Loveparade in Berlin. Die Kamera schwenkt auf
eine farbenfroh herausgeputzte, tanzende Menge. Auf einem
der Wagen sehe ich ein paar Jugendliche, die sich ziemlich
unbeholfen einen Joint drehen. Das müsste besser gehen, denke
ich. Ich fahre hoch, schaue mir das Ganze noch einmal genau an
und hole meinen Taschenrechner. Ich fange an zu rechnen. Was
kostet mich das Gras, die Verpackung, das Drehen der Joints
und der Versand? Und, am wichtigsten natürlich, wie kriege
ich die Joints nach Berlin? Ich nicht, NEVER. Moskau steckt mir
immer noch in den Knochen und ich will auch in Deutschland
keine Zelle von innen betrachten. Deutschland ist groß und
dort werden jeden Tag zwei Millionen Joints weg geraucht,
ausgehend von einem Joint pro Tag per Verbraucher.
Ein Pole würde den Kurierdienst übernehmen und die Ware
in Berlin verticken. Ich suche weiter und telefoniere ein wenig
herum und finde einen Großhandel, der die Verpackungen
liefern will. Es ist ein einfaches System mit einer Art Plastiktüte,
in die drei Joints passen. Indem man eine Pappe dahinter schiebt,
macht man das Ding zu. Die Pappkartons haben die trendigsten
Aufdrucke, denn man braucht ja auch was fürs Auge! Der Pole
will fünftausend Gulden verdienen und will seine Kohle vorab
bezahlt kommen. Ich bestelle fünftausend Verpackungen, heuere
fünf polnische Frauen an, um die Joints zu drehen und fertig ist
die Ware. Das Gras in den Joints ist richtig scheiße, günstiger
Mist, aber wenn man einmal stoned ist, kriegt man sowieso
nichts mehr mit, also what the fuck.
Ich habe fünfzehn Kilo von dem Mist gekauft. Die polnischen
Frauen sind Gold wert. Sie produzieren ordentliche Joints, nicht
von dem guten Zeug zu unterscheiden. Ich lasse die polnischen
Frauen bei mir drehen, wie eine Art Tupperware Party. Dann fällt
das bei den Nachbarn nicht so auf.
Meine Frau ist damit natürlich weniger glücklich. Auch nicht mit
der polnischen Musik, die ich angeschafft habe und während der

Arbeit als Motivation dienen soll. Es sind wunderbare Frauen, die Polski´s. Sie arbeiten perfekt, jammern nicht rum und lassen die Finger von meinen privaten Sachen. Alles durchzurechnen ist schnell erledigt. Fünfzehentausend verpackte Joints und in jedem Set sind drei Stück. Das macht dann zwanzig Gulden pro Set. Das bedeutet, auf einen Schlag hunderttausend Gulden Umsatz. In Berlin stehen sie schon in den Startlöchern, um die Ware in Empfang zu nehmen. Und cash on demand ist absolut kein Problem bei meinen deutschen Kontaktleuten. Der Deal ist schnell unter Dach und Fach. Für meinen polnischen Kurier miete ich ein Auto mit deutschem Kennzeichen, damit er so wenig wie möglich auffällt, selbst die Kartons, in denen die ganzen Sachen sind, sehen aus, wie geleckt. Mein polnischer Freund kommt Montagmittag gegen fünf Uhr, um die Ware abzuholen. Er soll sich zur Hauptverkehrszeit auf den Weg machen. Damit er in irgendeinen Stau kommt, um nicht kontrolliert zu werden. Der Pole ist glücklich mit seinen fünftausend Gulden, die er vorher bekommt. Ich werde selbst auch nach Berlin fahren, um die Kohle dort zu kassieren. Außerdem gebe ich ihm ein Prepaid- Handy mit, in dem lediglich meine Nummer drin steht, sodass er mich anrufen kann, wenn er die Ware abgeliefert hat, aber natürlich auch, falls irgendetwas sein sollte.

De Pole macht sich auf den Weg und nach zwei Stunden Stress und Bauchschmerzen, klingelt endlich mein Telefon. Yes, denke ich, das muss er sein. Ich nehme ab und sage: „Hallo Polski, alles gut bei dir?"

„Nein, viele Probleme hier. An Grenze viel Polizei."

„Dobra, dobra", sage ich zu ihm, bevor die Verbindung weg ist. Ich probiere noch ein paar Mal ihn zu erreichen, aber er nimmt nicht mehr ab. Ich kriege die Krise. Ich sehe schon, wie dreißigtausend Gulden in Rauch aufgehen, während meine Abnehmer in Berlin langsam ungeduldig werden. Der Pole scheint wie vom Erdboden verschluckt und das, mit meiner Ware.

Als ich bei der deutschen Autovermietung anrufe, um nachzufragen, was mit dem Auto passiert ist erfahre ich, dass es die deutsche Polizei zurückgebracht hat. Zum Glück habe ich das Auto nicht auf meinen Namen gemietet, sondern auf den des Polen. Dadurch bin ich natürlich aus der Schusslinie.

Vier Monate später klingelt es bei mir an der Tür und der Pole steht auf einmal vor mir. Überrascht sehe ich ihn an und sage: „Ich kriege noch dreißigtausend Gulden von dir. Aber komm erst mal rein." Wir sitzen mit einem Bierchen im Wintergarten und ich frage ihn: „Also, erzähl mal. Was ist passiert?" Und er erzählt mir, was vorgefallen ist. Nachdem er hier wegfuhr, war er noch eben einkaufen in einem Coffeeshop, um sich auch ein wenig Vergnügen zu verschaffen. Er hat noch eben ein bisschen Gras gekauft, während fünfzehntausend Mäuse und fertig verpackte Joints in seinem Auto lagen. Hinter der Grenze bei Goch, gab es dann eine groß angelegte Polizei- und Zollkontrolle. Sie haben ihn angehalten, er hat sein Fenster runter gekurbelt und eine dicke Hanfwolke, kam den Beamten entgegen. Die Polizisten hatten noch nicht einmal nach seinen Papieren gefragt, stattdessen haben sie ihn sofort gefragt, ob er Drogen mit sich führen würde. „Nein", hat er gesagt, während die entwichene Dampfwolke, schlimmer gestunken hat, als eine Bahnhofstoilette. Die deutsche Polizei und der Zoll führen öfter Drogenkontrollen durch, da viele deutsche Touristen in grenznahen niederländischen Coffeeshops einkaufen gehen. Und gerade bei den kleinen Grenzübergängen ist die Chance, dass sie dich erwischen, fast noch größer als an den großen Grenzübergängen. Und wenn die Love Parade ansteht, sind sie besonders wachsam. Sogar in Zügen wird dann stärker kontrolliert. Das haben mir meine deutschen Bekannten dann im Nachhinein erzählt. Ich hätte die Chance erwischt zu werden verringern können, wenn ich besser nachgedacht hätte und einen besseren Plan entwickelt hätte.

Also haben sie den Polen aufgefordert auszusteigen und die deutschen Bullen haben einen Plastikbeutel mit Gras schon auf dem Beifahrersitz gefunden. „Wir haben etwas.", rief einer der Beamten seinem Kollegen zu und schon klickten die Handschellen. Das Auto wurde untersucht und sie haben sich gefreut wie die Kinder, als sie die fünfzehntausend abgepackten Joints hinten im Wagen gefunden haben. „Ein Volltreffer." Sie haben in die Hände geklatscht und unser Pole, der in die Mausefalle getappt ist, wurde abgeführt. Er wurde zu einer Haftstrafe von vier Monaten und einer Geldstrafe von 850 Mark verurteilt.

Er erzählt, dass er oft versucht hat, mich anzurufen, aber dass ich nie ans Telefon gegangen bin.
„Nein, natürlich nicht", sage ich ihm dann. „Meine Prepaid SIM-Karte liegt schon lange auf dem Grund des Rheins und treibt stromabwärts Richtung Nordsee, so weit wie möglich weg von Deutschland."
Als ich später nachgefragt habe, stellte sich heraus, dass der Pole mich nicht übers Ohr gehauen hatte. Die Loveparade war trotzdem ein großer Erfolg und für viele ein rauschendes Fest, außer für meinen Polen und mich.

20 Das Ende naht

Drei Wochen später. Meine erste Konfrontation mit der Polizei. Ich bin noch nie wegen meiner Hanfzucht oder aus anderen Gründen auf der Polizeiwache gewesen. Die Polizei und das Finanzamt führen früh am Morgen an verschiedenen Orten eine Razzia durch. In den Niederlanden, Deutschland, Spanien und England. Unsere Freunde Bart und Ron müssen dran glauben. Unsere kleinen Plantagen bei Jan bleiben natürlich auch nicht verschont. Auch dort stürmt die Polizei das Haus. Alles wird durch die Polizei auf den Kopf gestellt. Die veranstalten einen totalen Zirkus. Während der Polizeioperation wird die ganze Umgebung abgesperrt. Sogar Hubschrauber kreisen durch die Luft. Wie während des Kriegs erzählt Ron später. Bart und Ron werden sofort eingebuchtet. Am nächsten Tag ruft mich ein Inspektor der Polizei an, mit der Bitte am Montagmorgen um zehn Uhr auf der Polizeiwache zu erscheinen. Ich solle wegen Ron, Bart und des Growshops verhört werden.
„Gut", sage ich, „wenn ich Ihnen damit eine Freude machen kann."

Am Montagmorgen mache ich mich also auf den Weg zur Polizeidienststelle. Ich bin doch ziemlich nervös. Ich komme rein und sehe einen Mann am Schalter stehen, den ich aus früheren Zeiten kenne. „Hey", sage ich, „musst du dich auch heute melden?"
„Naja, nein", sagt er lachend zu mir, „ich bin Inspektor Jansen. Du bist hiermit verhaftet wegen des Handels mit Softdrugs, deren Zucht und so weiter, und so weiter."
„Na danke", sage ich und muss lachen. „Du arbeitest also bei der Polizei?"
„Schon seit zehn Jahren", sagt er.
Ich kenne den Kerl. Also wird das schon werden. Naja, wie sich herausstellt, nicht wirklich. Im Verhörraum wird klar, dass dieser Inspektor Jansen förmlich darauf brennt, Erklärungen bezüglich Ron und Bart zu bekommen. Er konfrontiert mich mit den Aussagen meiner Kumpels, die ich als erfundenen Nonsens

abtue. Als er merkt, dass ich ihm nicht weiterhelfen kann, fängt er wieder mit meinen Hanfplantagen an. Er stellt so viele Fragen, dass einem davon der Kopf raucht, wenn man nicht aufpasst. Ich verhalte mich ruhig und denke gut nach, bevor ich etwas sage. Ich bin vorsichtig mit meinen Erklärungsversuchen.

Nachdem ich den ganzen Morgen lang verhört wurde, ohne eine Tasse oder eine Zigarette, sage ich letztlich zu dem Inspektor: „Ich habe mich um die Pflanzen gekümmert, Jan ist der Boss." Meine Taktik: Ein klein wenig erzählen, damit sie nicht allzu verärgert sind und ansonsten schweigen, wie ein Grab.

So haben Jan und ich das abgesprochen, lange vor der Razzia. Wir haben uns darauf vorbereitet. Falls es jemals dazu kommen sollte, würden wir dasselbe aussagen. Ich die Investition und die Bebauung, er der Stromversorger und die Polizei.

Jan sollte also sagen, dass ich ansonsten nichts damit zu tun habe. Das ist unsere Abmachung, aber ich weiß jetzt natürlich nicht, ob er sich während der Verhöre auch an die Absprache hält.

Nach der Razzia kriegen wir noch eine Stromrechnung, weil wir Strom geklaut haben sollen und ob wir deswegen nicht mal eben dreißigtausend Gulden bezahlen möchten. Wir haben einen unabhängigen Anwalt eingeschaltet, da ich den Strom nie irgendwo angezapft habe. Der Stromanbieter wollte einfach mal abkassieren.

Sie haben den Fehler eingestanden, sich aufrichtig schriftlich entschuldigt, die Forderung von dreißigtausend Gulden fallen gelassen und es dabei belassen.

Der Inspektor hört nicht auf zu nerven und zu meckern.

„Ja, das ist gut möglich", sagt er, „aber Jan sagt, dass er nur für seine Gärtnerei verantwortlich ist und dass die Zuchten von jemand anderem stammen."

„Okay", sage ich, „das ist durchaus möglich, dass Jan so etwas sagt. Was weiß ich denn, was Jan erzählt. Ich habe die Pflanzen lediglich gegossen und habe ansonsten nichts damit zu tun. Bart und Ron sind einfach nur gute Bekannte und mit dem Growshop habe ich auch nichts zu tun. Punkt aus."

Inzwischen habe ich schon so viele Erklärungen gesehen, aber nicht nur die von Jan, Rob und Bart, sondern auch noch von einem Haufen Erntehelfern, die sich vor Angst in die Hose geschissen haben. Sie haben einfach mal irgendeine Erklärung abgegeben, damit sie wieder raus kommen. Sie haben gesungen, wie Kanarienvögel.

Und dann ist es doch passiert. Eine stählerne Tür schließt sich hinter mir. Ich sehe mich um, aber viel gibt es ja nicht zu sehen. Ein Bett aus Beton mit so etwas Ähnlichem wie einer Matratze. Immerhin eine eigene Toilette aus rostfreiem Stahl. Dann gibt es dort noch einen ansehnlichen Beton- Vorsprung, der wohl als Stuhl durchgehen soll und passend dazu ein etwas höherer Vorsprung, der dann den passenden Tisch darstellen soll. Ich sitze in einer Gefängniszelle.

Erst mal pinkeln. Wie ich runterspülen soll, ist mir allerdings ein Rätsel, nirgendwo ein Knopf oder Ähnliches zu finden. Ich lasse es einfach so und bin heilfroh, dass ich keinen großen Haufen fabriziert habe. Ich setze mich aufs Bett.

Was müssen sie jetzt zu Hause denken? Wie geht' s jetzt weiter. Ich habe immer gehört, dass man trotz einer Plantage im Prinzip noch am selben Tag wieder draußen ist, aber es wird sich zeigen, dass das bei mir wieder einmal nicht der Fall ist. Ich möchte einen Anwalt sprechen, was ich mithilfe der Gegensprechanlage, melde. „Alles zu seiner Zeit", bekomme ich als Antwort und ich setze mich wieder hin.

Es gibt sicherlich jemanden, der noch schlimmer dran ist, als ich. Ich höre Geschrei über Methadon und Medikamente. Und das gepaart mit lautem Krach und Tritten gegen die Stahltür. Ich zähle die Tritte schon, weil ich mich tierisch langweile. Ich komme zu dem Entschluss, dass mein Nachbar ungefähr 16 Mal gegen die Tür tritt. Ich hoffe, dass ich hier nicht übernachten muss.

Nach einiger Zeit betritt jemand meine Zelle. Er stellt sich als stellvertretender Staatsanwalt vor und erklärt mir, dass ich für maximal drei Tage in Untersuchungshaft bleibe. In den Unterlagen kann ich sehen, wofür und in der Akte kann ich lesen, was das bedeutet. Die Akte fehlt. Tja, denke ich, da haben wir wieder den Salat.

Nachdem ich gefühlte zehn Stunden lang sowohl alle Steine in der Mauer als auch die Tritte meines Nachbarn gezählt habe, öffnet sich die Tür wieder. „Ihr Anwalt ist da." Wunderbar, denke ich, der holt mich hier in null Komma Nix wieder raus.

Falsch gedacht. Der Anwalt teilt mir mit, dass er mir lediglich dabei helfen kann, wie ich eine Erklärung abgeben kann. Ob ich

nach Hause darf, wird sich später herausstellen. „Brauchen Sie noch irgendetwas?", fragt er. Ich denke an einen großen Joint, aber ich lass es lieber sein. „Woran muss ich denn denken?" „Klamotten, Zigaretten, Unterhosen, und so weiter", erwidert er. „Unterhosen? Ich bin heute Abend doch wieder zu Hause, oder?" „Das ist möglich, aber noch nicht sicher."
Ich bestelle Socken, Unterwäsche, Zigaretten, Slipper, und so weiter und bitte ihn, mir noch das ein oder andere über den Ablauf hier zu erklären.
„Gegen die Langeweile können Sie nach etwas zu lesen fragen. Die Sachen sind dann natürlich alle wieder ein Jahr alt, aber besser als nichts. Außerdem können Sie Musik hören."
Ich frage ihn, ob ich eine andere Zelle bekommen könnte, denn in dieser Zelle kann man die Toilette nicht spülen. „Das ist Standard", antwortet der Anwalt. „Es wird gespült, wenn Sie über die Gegensprechanlage darum bitten. So kann nichts ungesehen verschwinden." „Gut zu wissen, bevor ich ein großes Geschäft verrichte."
Zum Schluss teilt mir mein Anwalt, wie aus dem Nichts mit, dass ich behaupten sollte ich sei islamistisch. Ich sehe den Anwalt fragend an. „Dann bekommen Sie besseres Essen." Wieder was gelernt.
Nach dem Gespräch sage ich dem Gefängniswärter, dass ich islamistisch bin. Ich kann vorerst aufatmen. Mir werden meine Zigaretten ausgehändigt und ich werde gefragt, ob ich Feuer bräuchte. Ja, gerne.
Ich sitze in einem Beton- Knast mit Gitterstäben an der Oberseite. Mittendrin liegt ein platter Fußball. Dieser Fußball ist mit Tausenden Zigaretten gefüllt. Wenn meine Zigarette aus geht, habe ich kein Feuer mehr also beschließe ich, mir noch eine anzustecken. Ein wenig schwindelig von dem Nikotin und blau von der Kälte, drücke ich auf den Knopf der Gegensprechanlage und frage, ob ich in meine Zelle darf.

Ungefähr nach einer halben Stunde bekomme ich eine Plastikschale mit verschiedenen Fächern, in denen sich irgendeine komische Substanz befindet. Es riecht nicht unbedingt widerlich, aber ich kann nicht sagen, was das ist. Ich probiere und ersticke fast daran. Heiß und eklig. Ich drücke auf den Knopf. „Was ist das für ein Gericht?", frage ich. „Hühnchen mit Reis und Gemüse." Abgesehen vom Reis, hätte ich das niemals erraten, auch nicht nachdem ich probiert habe.

Ich lasse es stehen und lege mich auf das Bett. Ich weiß nicht, ob es Tag oder Nacht ist, und entschließe mich dazu, zu fragen. Sieben Uhr ertönt eine barsche Stimme aus dem Lautsprecher. Ich bin gerade mal fünf Stunden hier, aber es fühlt sich an, wie 24 Stunden. Ich versuche zu schlafen, aber das gelingt mir nicht wirklich. Nach einer sehr langen Nacht darf ich duschen. Was für eine Wohltat. Ich dusche flott und ziehe neue Klamotten an. Zum Glück hat meine Frau nicht direkt die Scheidungspapiere angefragt und mir offensichtlich doch ein paar Klamotten gebracht. Ich werde in meine Zelle zurückgebracht und bekomme gleichzeitig Käsebrote in die Hand gedrückt. Die sind allerdings noch gefroren. Noch bevor das Brot aufgetaut ist, teilt mir ein Wärter mit, dass ich nach Hause darf. Außerdem sagt er mir, dass ich in absehbarer Zeit eine Vorladung des Gerichts bekommen würde.

Zehn Minuten später stehe ich verdutzt auf der Straße. Neben mir, eine Tasche mit meinen Sachen, die wahrscheinlich von meiner Frau stammt. Ich spreche jemanden auf der Straße an und frage, ob ich eben telefonieren dürfe. Es sind ungefähr 20 Kilometer bis nach Hause und ich möchte nichts sehnlicher, als von meiner Frau abgeholt zu werden.

Die Vorladung des Gerichts lässt nicht lange auf sich warten. Bart und Ron werden vorgeladen und jeder der Beiden bekommt eine vier Jahre lange Haftstrafe und sie müssen zwei Millionen Gulden zahlen, das Gericht hat überschlagen, dass sie circa diese Summe unrechtmäßig erworben haben. Falls sie das nicht bezahlen können, (und das konnten sie nicht), können noch weitere drei Jahre im Hilton Hotel des Staats dazu kommen. Nach diesem Urteil sind Jan und ich an der Reihe. Der Staatsanwalt verliest die Anklage und fordert eine Geldstrafe über zweihunderttausend Gulden, zweihundertvierzig Sozialstunden und ebenfalls eine Rückerstattung unrechtmäßig erworbener Vermögenswerte.
Ich kann es nicht lassen dem Richter während der Verhandlung auch noch einen reinzuwürgen, nämlich dass die betriebene Hanfpolitik absoluter Schwachsinn ist: „Euer Ehren, hören Sie mir bitte mal zu. Es gibt Growshops, in denen man die Sachen für die Zucht von Hanf legal kaufen kann. Es gibt Coffeeshops, in denen man das Endprodukt, das Gras, legal kaufen und

rauchen darf. Und zwischen drin, soll das Gras vom Himmel fallen, denn dieser Zwischenschritt ist ja illegal. Die Hanfzüchter, die das Endprodukt liefern, werden inhaftiert. Und das Beste daran ist auch noch, dass das Finanzamt ganz normal sowohl Einkommensteuern als auch die Lohnsteuern der Coffeeshops und Growshops kassiert. Außerdem kommt hinzu, dass der Besitzer eines Coffeeshops ungestraft Gras kaufen darf, aber der Züchter darf es dem Besitzer des Coffeeshops nicht ungestraft verkaufen. Das ist doch ein ziemlich seltsames System. Was halten Sie davon, Euer Ehren?"

Der Richter lauscht meinen Ausführungen, verzieht keine Miene und sagt: „Aber wir sind nicht hier, um das Gesetz zu ändern. Wir sind hier, weil Sie sich strafbar gemacht haben. Das Gesetz verbietet die Hanfzucht. Verstehen Sie, ich wünsche Ihnen beiden noch einen schönen Tag."

„Ich möchte noch etwas sagen", sage ich zu dem Richter.

„Fassen Sie sich kurz. Ich höre."

„Hinzukommt, dass überall, wo bereits ein Coffeeshop steht, keine neuen Coffeeshops entstehen dürfen. Das bedeutet also, dass die Besitzer der Coffeeshops konkurrenzlos sind und darum das Monopol in der Stadt haben, um Gras zu verkaufen. Die Coffeeshopbesitzer sind also legale Dealer von Softdrugs. Ich wäre auch gerne der einzige Gemüsehändler oder Metzger der Stadt."

„War´s das?"

„Ja, das war alles."

Und er verurteilt uns zu dem, was der Staatsanwalt gefordert hat.

Jan und ich haben uns in einem Altenheim gemeldet, um unsere Sozialstunden abzuleisten. Jan verteilt den Tee und einer der Greise fragt: „Jan, hast du auch noch grünen Tee?"

„Ich handle nicht mehr mit Grünzeug, sonst sitze ich hier noch für den Rest meines Lebens", antwortet er und wir müssen beide lachen.

Wir haben beide sechs Wochen lang in der Küche gearbeitet und hatten unheimlich viel Spaß. Die Strafe des Gerichts zahlen Jan und ich brav ab. Ich bin nun ein netter, braver Bürger mit einem anständigen Job. Ab und zu ist noch ein Joint drin, aber das ist absolut legal!

21 Gras beschert einem nur Kummer und Sorgen

Meine Jahre als Hanfzüchter waren traumhaft.
Viel feiern, die schönsten Frauen, die fettesten Karren, das beste
Dope und meistens ein dickes Portemonnaie.
Ich habe viele Freunde gefunden, aber auch viele verloren.
Freunde von kurzer Dauer.
Franz und Rob sind die Einzigen, die ich vermisse.
Dennoch bereue ich nichts.
Ich habe niemanden beschissen, verarscht, ausgenommen oder
jemandem unrecht getan. Das Geld, das ich verdient habe, wurde
immer geteilt, obwohl die Verluste immer auf meine Rechnung
gingen, abgesehen von Franz.
Viele meiner vermeintlichen Freunde haben jahrelange
Haftstrafen bekommen und auch das gibt einem zu denken. Sie
haben nichts mehr, die schönen Autos, das schnell verdiente
Geld, die oftmals prächtigen Häuser, oft auch Frau und Kinder,
alles weg. Alles wurde beschlagnahmt oder durch die Justiz
konfisziert. Ich hatte Glück. Als wir geheiratet haben, hat meine
Frau in guten wie in schlechten Zeiten geschworen, und das hat
sie getan, bis heute.
Wir sind immer noch glücklich verheiratet.
Geld ist eine üble Sache!
Man wir verrückt von dem vielen Geld und wenn man es zu
schnell, zu leicht verdient, ist man es genauso schnell wieder los.
Aber andererseits denke ich auch: Man lebt nur ein Mal.
Und zum Schluss: Davon bin ich überzeugt: Gras beschert einem
nur Kummer und Sorgen! Ob man will oder nicht!

Mr. Silver Haze